KARDEC

WAGNER DE ASSIS &
MARCEL SOUTO MAIOR

KARDEC
A HISTÓRIA POR TRÁS DO FILME

1ª edição

EDITORA RECORD
RIO DE JANEIRO • SÃO PAULO
2019

CIP-BRASIL. CATALOGAÇÃO NA PUBLICAÇÃO
SINDICATO NACIONAL DOS EDITORES DE LIVROS, RJ

A867k Assis, Wagner de
Kardec: a história por trás do filme / Wagner de Assis, Marcel Souto Maior. - 1ª ed. - Rio de Janeiro: Record, 2019.

ISBN 978-85-01-11712-0

1. Espiritismo. 2. Cinema - Produção e direção. I. Souto Maior, Marcel. II. Título.

19-56051 CDD: 791.437
CDU: 791

Vanessa Mafra Xavier Salgado - Bibliotecária - CRB-7/6644

Texto revisado segundo o novo Acordo Ortográfico da Língua Portuguesa.

Direitos exclusivos desta edição reservados pela
EDITORA RECORD LTDA.
Rua Argentina, 171 - Rio de Janeiro, RJ - 20921-380 - Tel.: (21) 2585-2000.

Impresso no Brasil

ISBN 978-85-01-11712-0

Os Espíritos do Senhor, que são as virtudes dos Céus, qual imenso exército que se movimenta ao receber as ordens do seu comando, espalham-se por toda a superfície da Terra, e, semelhantes a estrelas cadentes, vêm iluminar os caminhos e abrir os olhos aos cegos.
Eu vos digo, em verdade, que são chegados os tempos em que todas as coisas hão de ser restabelecidas no seu verdadeiro sentido, para dissipar as trevas, confundir os orgulhosos e glorificar os justos.
As grandes vozes do Céu ressoam como sons de trombetas, e os cânticos dos anjos se lhes associam. Nós vos convidamos, a vós homens, para o divino concerto. Tomai da lira, fazei uníssonas vossas vozes, e que, num hino sagrado, elas se estendam e repercutam de um extremo a outro do Universo.
Homens, irmãos a quem amamos, aqui estamos junto de vós. Amai-vos, também, uns aos outros e dizei do fundo do coração, fazendo as vontades do Pai, que está no Céu: Senhor! Senhor!... e podereis entrar no reino dos Céus.

O ESPÍRITO DE VERDADE
(In: Allan Kardec. *O evangelho segundo o espiritismo.* Rio de Janeiro: FEB, 2010)

A Kardec e sua esposa, Amélie.

W.A.

A Carlos Andreazza, meu editor, que apostou desde o início na força da trajetória de Kardec, e a Wagner de Assis, que deu vida nova ao professor 150 anos depois de sua morte.

M.S.M.

SONY PICTURES CONSPIRAÇÃO apresentam uma produção **CONSPIRAÇÃO "KARDEC"** **LEONARDO MEDEIROS** como Allan Kardec **SANDRA CORVELONI LEONARDO FRANCO GUILHERME PIVA GENÉZIO DE BARROS GUIDA VIANNA JULIA KONRAD CHARLES FRICKS LICURGO ESPINOLA LETÍCIA BRAGA JÚLIA SVACÍNNA DALTON VIGH LOUISE D'TUANI** roteiro **WAGNER DE ASSIS L. G. BAYÃO BASEADO NO LIVRO DE MARCEL SOUTO MAIOR "KARDEC"** direção de fotografia **NONATO ESTRELA** direção de arte **CLÁUDIO AMARAL PEIXOTO HELCIO PUGLIESE** figurinos **KIKA LOPES ROSANGELA NASCIMENTO** caracterização **ANNA VAN STEEN** montagem **MARÍLIA MORAES** supervisão de imagem **SERGIO PASQUALINO JR.** música **TREVOR GURECKIS** som direto **EVANDRO LIMA** mixagem **RODRIGO NORONHA GUSTAVO LOUREIRO** edição de som **TOMÁS ALEM BERNARDO UZEDA** supervisão de efeitos visuais **CLAUDIO PERALTA** produção de elenco **MARCELA ALTBERG**

supervisão de pós-produção **ADRIANA BASBAUM** coordenação de pós-produção **THIAGO SILVA** coordenação de lançamento **PAULA LIMA** produtor delegado **PIMENTA Jr.** produtora associada **ENEIDE MAIA** coprodução executiva **TÂNIA PACHECO MIRELA GIRARDI CLARISSE GOULART** produtores executivos **GUSTAVO BALDONI MARIA AMÉLIA TEIXEIRA LEONARDO M BARROS RENATA BRANDÃO** produzido por **ELIANA SOÁREZ** direção **WAGNER DE ASSIS**

BRDE BANCO REGIONAL DE DESENVOLVIMENTO DO EXTREMO SUL

fsa Fundo Setorial do Audiovisual

ancine Agência Nacional do Cinema

Agradeço ao elenco e à equipe do filme, além de todos da Conspiração, representados pela Renata Brandão.

A toda a equipe da Sony, pelo esforço e paixão especiais com o filme, representados pela Elô Winther.

Ao Marcel, pela coragem de acender a lâmpada.

W.A.

Sumário

PARTE 2
De Rivail a Kardec: A saga de uma transformação, por Marcel Souto Maior

PARTE 3
Conversas para além e além

Nota aos leitores

Neste livro, ilustrado pelos registros dos fatos e emoções dos bastidores das filmagens de *Kardec*, você acompanha o desafio de reconstituir uma das trajetórias mais intrigantes da história recente: a transformação de Hippolyte Léon Denizard Rivail, o cético professor da França do século XIX, em Allan Kardec, codificador e principal divulgador da doutrina espírita.

Sob a luz de velas e lampiões de uma Paris em plena ebulição — atmosfera reproduzida com precisão na cinebiografia histórica *Kardec* —, o diretor Wagner de Assis e a equipe da Conspiração viveram episódios surpreendentes, emocionantes e também divertidos.

São esses episódios que Wagner de Assis compartilha na primeira parte deste livro, em crônicas escritas no dia a dia das filmagens, ainda sob o impacto de situações inesperadas, como a descoberta de uma oração escrita à mão na caixa de luz da casa que serviria de locação para a residência de Kardec ou a perplexidade diante de um exemplar de *O livro dos espíritos*, que teimava em resistir às chamas de uma grande fogueira, durante a reconstituição de um dos principais marcos do espiritismo: o Auto de Fé de Barcelona.

Além das saborosas crônicas de Wagner, o livro traz, na segunda parte, textos inéditos do jornalista Marcel Souto Maior — autor da biografia que deu origem ao filme — sobre o processo de desvendar, aos poucos, a figura de Kardec, enquanto mergulhava nas edições originais da *Revista Espírita*, publicação mensal lançada pelo professor Rivail em 1º de janeiro de 1858 e administrada por ele até falecer, em 31 de março de 1869.

Nos artigos escritos por Kardec, revelam-se os marcos da transformação do professor cético — que definia as "almas do outro mundo" como "meras superstições" — em principal propagador das mensagens dos espíritos.

E, na terceira parte, Marcel Souto Maior e Wagner de Assis conversam sobre como encaram questões como a espiritualidade, a escrita e o cinema, e revelam os projetos que têm pela frente. Neste jogo de perguntas e respostas, o desafio de reconstituir a trajetória de ícones do espiritismo e revelar os detalhes do mundo invisível.

São esses bastidores — o das filmagens de *Kardec* e o das pesquisas sobre esta grande personalidade — que você acompanha aqui.

Boa leitura. E bom filme

INTRODUÇÃO

por Eliana Soárez, produtora do filme Kardec

Alguns projetos conspiram... Conspiram para o bem, claro. E foi assim que comecei a conhecer Kardec... Numa das reuniões de desenvolvimento na Conspiração, decidimos que iríamos fazer a biografia de Kardec. Quem vai dirigir? Wagner de Assis, logo pensamos. Wagner não só aceitou dirigir o filme como também nos apresentou Marcel Souto Maior, que estava acabando de escrever a biografia de Kardec. Coincidência? Acho que não. O livro não tinha sido publicado e mesmo assim tivemos acesso ao material ainda inédito.

E fomos nos apaixonando pela história, pelo homem, pela trajetória... Rivail/Kardec não era médium? Não. Rivail era um professor, um cientista, um pesquisador... Pela surpresa na descoberta deste personagem, vimos a força que este filme poderia ter.

E foi exatamente isso que tentamos imprimir nas telas de cinema e trazer para o público espírita e não espírita. Para os espíritas, foi um desafio ir além da trajetória que todos conhecem muito bem, trazer um Rivail com força, fraqueza, desafios, questionamentos, dúvidas... E, para os não espíritas, esclarecer quem foi este homem, que trajetória ele teve que percorrer para propor a doutrina, que método de trabalho como cientista ele precisou seguir, que obstáculos teve que superar...

Levamos muitos meses desenvolvendo roteiro, anos levantando recursos para o projeto, e aos poucos a boa conspiração estava se formando: equipe trabalhando, atores ensaiando, locações sendo escolhidas, figurino sendo costurado, arte e luz do filme sendo desenhadas, tudo planejado nos mínimos detalhes até as filmagens no Rio e em Paris, e assim seguimos nossa jornada... Lendo uma oração a cada dia de trabalho, superando desafios, trabalhando em conjunto e harmonia e nos emocionando com a magia das filmagens, dia após dia.

Posso dizer que foi um filme desafiador desde o início, mas tranquilo em sua trajetória de entrega. Agradeço a Wagner, a Marcel, a todo o elenco, a toda a equipe, a todos da Conspiração, que acreditaram neste filme, e a Sony Pictures, que foi nossa primeira parceira, pela realização deste projeto. Agradeço a todos que estiveram com a gente (encarnados e desencarnados).

O filme está entregue para o público.

E agora entregamos o livro sobre os bastidores do filme.

Ao longo da filmagem, Wagner foi escrevendo crônicas sobre o nosso dia a dia, e assim surgiu este livro. São histórias deliciosas, delicadas, envolventes, divertidas e emocionantes. O Marcel também se emocionou e contribuiu para o trabalho. Ele e Wagner nos presenteiam com uma narrativa íntima e emocionante sobre o que aconteceu em paralelo ao filme de uma forma única. A gente faz cinema por isso.

Que os leitores possam se emocionar e se divertir com a nossa jornada.

PARTE 1

Da ideia à tela

Wagner de Assis

O mito do herói

O filme sobre a vida de Kardec é uma história de transformação. Quase uma trajetória mitológica do herói. Sem que precisássemos forçar fatos, encontramos as etapas clássicas que descrevem claramente os caminhos que os heróis descritos em tantas sagas das tradições orais e escritas percorrem na jornada de autotransformação — e posterior transformação do mundo.

Primeiro, ele é Hippolyte Léon Denizard Rivail, um homem que vive em sua realidade acadêmica e pedagógica na França do século XIX. Famoso por suas contribuições para os métodos de ensino da época, autor de dezenas de livros, membro de sociedades científicas, ele recebe um convite para conhecer o espetáculo das mesas girantes, que ocorria em vários pontos da Europa e dos Estados Unidos em meados daquele século. Um chamado para embarcar numa aventura e descobrir o que tudo aquilo significa — sem os preconceitos existentes pelo conhecimento de casos semelhantes com fraudes e mentiras comprovadas.

Depois de negar algumas vezes, ele resolve pesquisar tudo o que envolve o fenômeno daquelas mesas girantes. Mas o faz com o olhar de um racional, com o bom senso que sempre o caracterizou. Ao aceitar descobrir mais sobre o fenômeno, ele desenvolve um método de paridade de respostas, isenção de interesses pessoais, desconhecimento prévio do fato, com diferentes participantes, os tais médiuns que pipocavam em todas as partes.

No caminho, imediatamente encontra aliados e passa por etapas que vão demandando dele modificações sem volta. Aprofunda-se na jornada, aceita sua missão e reconhece que há algo extremamente transformador.

Até que, de posse do conhecimento que adquire, desenvolve uma forma de compartilhá-lo com o mundo. Anuncia sua "força" nas páginas de um livro. Muda de nome. Impacta a sociedade onde vive. E, logo, as adversidades aparecem. O preço do seu trabalho vai exigir que aceite perder amigos, ser achincalhado publicamente e ver todo tipo de crítica à sua descoberta.

Há outro preço também — pessoal e emocional. Passa por problemas financeiros, momentos de insegurança e instabilidade de saúde. Ao lado da companheira de jornada, Amélie-Gabrielle Boudet, enfrenta traições de amigos outrora fiéis. Rivail, dito Kardec, chega a pensar que tudo está destruído e que o conhecimento que adquiriu jamais será compartilhado com o mundo. Algo como a angústia de estar preso no ventre da baleia, como o personagem bíblico Jonas.

Mas mito não é mito por acaso. Para sua grande alegria e surpresa, enquanto está ali, "derrotado", aprende que aquilo que poderia ser sua derrocada é, na verdade, o trampolim do seu trabalho.

O herói, então, retorna ao seu mundo natural: transformado para sempre, está pronto para continuar transformando pessoas. Assim como o mito. Assim como seres especiais. Heróis, no melhor sentido do termo.

A HISTÓRIA DO FILME É MAIS OU MENOS ASSIM...

Hippolyte Léon Denizard Rivail é um professor reconhecido em seu tempo, por sua obra e pelos seus pares. Autor de diversos livros pedagógicos, é responsável também por trazer novas formas de educar crianças e adolescentes. Discípulo de Pestalozzi, ele aplica métodos que hoje seriam considerados "construtivistas", dando ao ser em criação muito mais do que informação para ser decorada: o prazer de aprender, o desenvolvimento de raciocínio crítico por prazer, o compartilhamento de afeto e sensibilidade entre os que ensinam e aprendem.

No ano de 1852, Paris vive uma época dura. O governo republicano fora tomado havia poucos anos por um golpe de Estado — e Napoleão III, sobrinho-neto do Napoleão famoso, assume o poder de forma absolutista, dissolvendo parte do Parlamento e controlando as forças de repressão. Alia-se aos poderes eclesiásticos e resolve espalhar por todas as escolas, antes laicas, o ensino da religião católica.

Rivail nega-se a aceitar tal imposição. Depois de mais de trinta anos no magistério, não consegue conceber que seus alunos sejam guiados por uma doutrina dogmática nem por regras preconcebidas. Decide aposentar-se em meio ao tumulto e enfrentamentos com os clérigos que passam a comandar as escolas e têm influências sobre o autoproclamado imperador.

Ao mesmo tempo, Paris está tomada por um fenômeno que começou na Europa cerca de quatro anos antes, chamado de "mesas girantes". As reuniões ao redor delas acontecem em inúmeros endereços, desde os mais simples casebres até os salões nobres. Sentados ao redor das mesas redondas e pequenas, as pessoas fazem perguntas aleatórias sobre a vida, o futuro, romances e frivolidades em geral. As mesas respondem por meio de movimentos, elevação ou pequenas batidas sobre elas.

Para o professor, membro de sociedades científicas, entre elas as de astronomia e química, e exímio estudante de magnetismo desde os 20 e poucos anos, tais fenômenos poderiam ser explicados como truques, farsas, ilusões que alimentavam pessoas famintas de informações de outro mundo ou de esperanças de uma vida melhor.

Ainda era a Paris dos miseráveis, a Paris das ruelas, dos incêndios constantes em prédios sem a menor condição de habitação. Paris de suicídios diários e de taxas de mortalidade infantil altíssimas. O que mais a população poderia esperar?

O professor Rivail tentava reconstruir sua vida com aulas particulares. Até mesmo fazer contabilidade de teatros que ironicamente apresentavam shows com as mesas girantes. Seus amigos de cátedra, no entanto, se rendiam às tais reuniões de mesas girantes — ou falantes. E não poderiam deixar de lhe contar sobre elas. Um deles, Carlotti, um linguista reconhecido, não perdeu tempo e convidou o professor.

Carlotti frequentava as reuniões com interesses outros — além dos financeiros ou fúteis. Eram reuniões em que supostamente as perguntas feitas às mesas teriam um teor mais elevado intelectualmente. Rivail não lhe dá muita atenção. Mas Gabi, sua esposa, deixa claro o interesse em conhecer a moda das mesas.

Aquela primeira reunião é um chamado à aventura. Mexe com a cabeça e o espírito do homem de razão, do professor de didática e métodos. Ele resolve investigar. Desenvolve um método de pesquisa, criando o conceito da universalidade do conhecimento.

Alguns anos depois, o método e a pesquisa geraram um livro de pouco mais de quinhentas perguntas e respostas — feitas por ele a diferentes médiuns de Paris e da Europa. Compilando e comparando as respostas — que deveriam ser as mesmas —, o professor imprime aquela que poderia facilmente ser considerada a "entrevista mais importante da história".

São espíritos de gente famosa que viveu na Terra e veio contar como era a vida espiritual. Veio contar verdades que já existiam e reafirmar tantas outras. Foi feita uma codificação de todo o conhecimento. Rivail assina o livro com pseudônimo para preservar o trabalho do professor e dar o verdadeiro crédito aos autores do livro — os espíritos.

A publicação explode na Europa. As perguntas não precisam mais ser feitas às mesas — pois estão no livro. E podem gerar outras perguntas e criar métodos de comunicação com pessoas que servem de intermediárias de forma mais assertiva — os médiuns.

O sucesso traz problemas. Críticas, proibições, traições, incertezas. A imprensa, os céticos, os amigos acadêmicos, e ainda os religiosos oficiais, além de amigos que demonstram outros interesses, trazem o peso da revelação aos ombros do professor. Gabi, a seu lado, ajuda a responder as cartas, a dar forças ao movimento que nasce. Ele quase tomba. Mas se mantém firme.

Até que a notícia da queima dos livros chega com força — tudo estará destruído se não puderem mandar os livros para outros lugares, se não puderem continuar com as reuniões de pesquisa e estudo.

A fogueira de Barcelona, o Auto de Fé, emociona um perseguido Kardec. O que seria o fim, no entanto, mostra que a jornada valeu a pena. Que a tal verdade, que ele tanto buscou, está acima dele e brilharia nos céus das cidades do mundo todo independentemente de qualquer coisa.

UMA BOA HISTÓRIA DA BOA HISTÓRIA

Um bom filme é uma boa história bem contada. Esse slogan é uma verdade que os grandes produtores dos estúdios de Hollywood concluíram depois de anos pesquisando por que o público pagava para entrar numa sala escura e assistir a uma história em formato audiovisual.

O complicador é que supostamente não é possível saber o que seja uma boa história até ela ser contada, refletindo nos espectadores suas qualidades. Comunicação simples e eficiente. Para tentar descobrir o que faz uma narrativa ser boa, os estudiosos já mergulharam em diversas teorias sobre dramaturgia. Há quem afirme que só existem 26 situações dramáticas. Há quem eleve este número ao patamar de 200 mil.

Mas chega de introdução. O fato é que não tem matemática nem teoria que meça ou pondere quando a gente ouve, vê, pensa ou descobre o que a gente acha que seja uma boa história. Ela simplesmente está ali dizendo para você: sou uma boa história! Talvez o coração reaja acelerando. Talvez as lágrimas também sejam um sinal. Ou mesmo toda a alma vibrando, transcendente, dizendo: você tem que contar isso para as pessoas.

Muitas vezes estamos errados. Em outras, não olhamos direito e não respeitamos o que aquela história quer contar. Todavia, acontece também de as boas histórias procurarem seus contadores por caminhos distintos, como se tivessem vida própria e vagassem por aí escolhendo quem irá contá-las.

A vida de Kardec é uma boa história. Ponto. Resolver contá-la no cinema é que foi uma decisão importante. A coisa aconteceu de forma interessante, bem ao estilo de Kardec. Antes de tudo, quem acha que duas paralelas jamais se encontram... não sabe de nada. Quando a história é boa, elas simplesmente se tocam.

Uma das linhas que a história de Kardec perseguiu para ser contada nos cinemas é a seguinte: era a tarde do dia 9 de outubro de 2012 quando recebi um e-mail do Marcel Souto Maior. Tentávamos nos encontrar por alguns dias e enfim, num café em São Paulo, ele me falou sobre o projeto em que estava mergulhado nos últimos anos — a vida de Kardec. Estava exausto de tanta pesquisa e tanto trabalho no texto, já em reta final. Parecia ter corrido uma maratona por dia. Mal conseguia falar. Era uma jornada pessoal e tanto. Fazia parte de uma "plataforma" de projetos que envolviam a biografia do médium Chico Xavier, o livro sobre as mães que receberam cartas psicografadas pelo Chico e a vida de Kardec.

Minha reação inicial foi ingênua e espontânea. Parabenizei-o e me ofereci para ajudar no que pudesse. Há outras biografias do mesmo personagem no mercado. Mas ele usaria uma abordagem diferente desta vez. Jornalística. Sem medo de expor o homem além do mito, a humanidade acima da divindade e, principalmente, a transformação do cético Rivail. Li as duas últimas versões dos originais. E amei. Sabe quando você relê uma história muitos anos depois e vê outras coisas? Foi exatamente o que aconteceu.

Eu estava ainda envolvido com o trabalho do longa-metragem *Nosso Lar*, lançado em 2010, e que começava a rodar pelo mundo todo. E estava planejando o *Nosso Lar 2 — Os mensageiros*. E outros tantos projetos.

Reler sobre Kardec me impactou profundamente naquele momento. A trajetória e a transformação dele tinham tantos ensinamentos que eu só pensava em seu esforço hercúleo e heroico como inspiração para tentar fazer outros filmes, para suportar todas as coisas que se apresentavam ao longo do caminho.

Até que o Marcel me chamou para tomar outro café, desta vez no Rio de Janeiro. O livro estava pronto, com data marcada para lançamento. Tinha acabado de ir para o prelo, como se dizia antigamente. Assim que soube da notícia, enquanto eu o felicitava pelo trabalho novamente, o Marcel não pestanejou e disparou: agora é hora de você levar esta história pro cinema.

Corta.

Antes de narrar a minha reação sem respirar por alguns segundos, sem pensar por alguns minutos, completamente tomado de susto e medo e tremendo por dentro por alguns dias depois de imediatamente dizer "Claro! Não tenho a menor ideia de como podemos fazer isso, mas vamos sim!", do outro lado da cidade, na produtora Conspiração, uma das maiores do país, algo estava acontecendo também com o nome de Kardec.

Alguns meses antes, a Kiki Lavigne, roteirista e craque como desenvolvedora de projetos, identificou com os produtores da empresa o nome de Allan Kardec e um potencial filme. Segundo me contou Eliana (Lili) Soárez, eles amaram a ideia de contar, nos cinemas, a história do francês "mais conhecido no Brasil do que na França".

Conversaram entre si e buscaram alguns diretores sócios da empresa para serem os realizadores. Todos estavam envolvidos com outros projetos. Eles têm uma área que já se consolidava com outras cinebiografias, como a do músico Luiz Gonzaga e *Dois filhos de Francisco*. E anunciaram o projeto na imprensa.

Quando li no jornal a notinha de que a Conspiração iria filmar a vida de Kardec, comecei a rir sozinho. E pensei numa única coisa: universalidade do ensino, universalidade dos fatos, universalidade da verdade.

Antes de ligar para o Leonardo Monteiro de Barros, da Conspiração, para compartilhar que, alguns meses antes, eu assinara contrato com o Marcel Souto Maior com o propósito idêntico de levar a história de Kardec aos cinemas, me lembrei justamente de uma das coisas mais geniais que o próprio Kardec desenvolveu — o método que seria uma prova de confirmação do conhecimento, uma prova universal, recolhida para além dos meios pelos quais ele é trazido.

Em suas primeiras pesquisas com os médiuns em meados do século XIX, por achar que eles poderiam ser falíveis (e são), o racional, pragmático e guiado pela ciência professor Rivail colocou em prática uma pesquisa que envolvia justamente diversas pessoas em Paris e em outras cidades da França e Europa — com a premissa de que não se conhecessem e não conhecessem o conteúdo que recebiam dele.

Com a ajuda da mulher, começou a mandar cartas e frequentar as casas desses médiuns e fazer as mesmas perguntas para os espíritos que supostamente se manifestavam. Bingo. Se as respostas fossem as mesmas, o método se mostraria eficaz sobre a origem delas. Ou seja, Rivail/Kardec iniciou o que chamou de método da universalidade do conhecimento. Se alguma coisa é verdade, ela vai aparecer por qualquer pessoa, de qualquer forma, acima das nossas diferenças. A verdade está acima de nós.

No momento em que li que outra produtora também estava pensando em contar a mesma história para a qual fui "intimado", emocional e espiritualmente, sob o meu ponto de vista, claro, pensei: uma história verdadeira "pede" para ser contada, seja por um lado, seja por outro. Ela simplesmente precisa ser contada porque é uma boa história. Seja por mim ou por outro. A verdade irrompe e pronto.

Os acordos com a Conspiração foram rápidos e, então, o projeto do filme *Kardec* começou. É provável que outras pessoas queiram contar e contem a história dele em outros meios, de outras formas, ou até mesmo nos cinemas de ficção também. Pois é um fato irrefutável: uma boa história precisa ser bem contada.

Maratonas espirituais

Maratonas, a gente corre muitas simbolicamente ao longo da vida. Em determinadas atividades do mundo moderno, o esforço comparado a elas é diário. Daquela primeira conversa com o Marcel num café de São Paulo, passando pela proposta impressa na dedicatória do próprio livro, muitas outras maratonas se passaram.

Iniciou-se uma correria entre as distribuidoras quando o projeto foi anunciado depois que topamos fazer sob o guarda-chuva da produtora Conspiração. Todo mundo queria participar! Me assustei, confesso. E me vi no meio de uma torrente de trabalho para levantar o projeto do filme sobre o professor francês. Esses momentos são extremamente importantes, pois as escolhas que fazemos, em relação à história que se quer contar, vão ficar impressas para sempre.

Me tranquei. Fui e voltei nos livros, nos fatos, nos personagens, dezenas, centenas de vezes.

Adaptar uma história real para o cinema significa ter que fazer escolhas em função da dramaturgia e com respeito à essência e aos fatos que se vai contar. Levar a história que está apenas no papel para a tela é algo que envolve arte e indústria. Nunca é rápido, fácil ou simples. Transcende a realização normal de um projeto no mundo contemporâneo. Demanda decisões que não poderão ser mudadas.

Juntamos personagens que tinham uma mesma "função dramática". Deliberadamente, optamos por não ter outros, por não mostrar algumas situações, e também outros momentos foram trazidos um pouco fora de sua época real. Não poderíamos jamais perder o foco sobre com quem, por que, quando, como e onde o personagem vivia sua história. Finalmente, sugeri uma abordagem mais radical — onde começar e terminar a narrativa.

Queríamos o Rivail professor consagrado, apesar de existir o Rivail que foi dono de um instituto de ensino, além do Rivail que foi um dos melhores alunos que já passaram por Yverdon, na Suíça, sob a orientação de Pestalozzi. Queríamos o Rivail com Amélie na intimidade de um amor tranquilo, sobrevivente às críticas sociais pela diferença de idade, sobrevivente à ausência de filhos no matrimônio. Um casal focado em educação e arte. Em bom senso e razão.

Queríamos também mostrar um pouco os processos primitivos usados nas comunicações com o mundo espiritual, mesmo com o professor não acreditando nelas no primeiro momento. Queríamos Paris antes da reforma arquitetônica, ainda dos miseráveis. A Academia de Ciências com os contemporâneos de Rivail — alguns deles apenas. A Igreja, razão pela qual escolhemos o padre Bautain, vigário da cidade, para representá-la. E os médiuns — eram mais de dez convivendo no círculo do professor e suas pesquisas —, que foram reduzidos a alguns principais. Enfim, as escolhas estão no filme.

O Marcel, a Lili e o Leo Barros foram fundamentais nessas horas. Além do roteirista L.G. Bayão, que assina o trabalho comigo, tivemos também a inestimável contribuição de uma craque em desenvolver roteiros — a Kiki Lavigne, que já mencionei. Ela mergulhou com a gente com paixão e respeito pela história — e pela dramaturgia.

Escrever roteiro é ver o filme antes de todo mundo. Ao mesmo tempo, se contentar inicialmente com o fato de que aquela visão é só sua — porque o processo de realização de um filme "atenta" contra aquela história de todas as formas. Todo mundo vê um filme diferente quando lê o roteiro. Todas essas visões vão convergir em algum momento.

Só as histórias "fortes" do ponto de vista de estrutura, personagem e bom conflito sobrevivem. O trabalho do diretor ajuda a manter a essência e as escolhas até a tela de cinema. Escrever e dirigir, nesse caso, facilitam a sobrevivência da concepção original da história.

Enquanto isso, ao lado da Lili e do Leo Barros, começamos a procurar parceiros financeiros. Um esforço sem igual — falar com tanta gente, receber tanto não e ainda assim não desistir. Jamais, em momento algum, pensei que o filme pudesse não existir. Mas confesso que sofri com a demora.

Desde aquele quase longínquo mês de outubro de 2012 até hoje, não há como negar que as tais maratonas foram exaustivas e cobraram muito da nossa resiliência e paciência. Muitas delas foram caminhos que se mostraram "sem saída" (ao menos pra mim), fazendo-nos recomeçar.

Hoje, 9 de abril de 2018, iniciamos a pré-produção oficialmente. Já estamos pensando no filme 24 horas por dia desde o ano passado, quando a famosa luz verde para começar se apresentou no horizonte. São tantos "e se...", incontáveis possibilidades, que mal podemos guardar tudo o que foi pensado ou idealizado. Por um processo natural de seleção, as coisas importantes permanecem e outras ficam pelo caminho.

Terminamos a etapa de "conseguir viabilizar" financeiramente o projeto, basicamente em função do esforço e da capacidade dos produtores, além do comprometimento de toda a empresa Conspiração, e vamos começar. Correr de novo. Essas novas maratonas, no entanto, precisam de pelo menos centenas de pessoas correndo junto com a gente, todo dia, 24 horas.

Elas estão chegando. Empolgadas com o personagem. Muitas o conhecem. Outras ouviram falar. Há os que têm famílias ligadas ao tema do filme e nos contam que "viraram celebridades" em casa quando anunciaram o filme no qual iriam trabalhar. Apesar de não ser pré-requisito, ver que o time que se forma vai ser movido por paixão é extremamente gratificante. Tem filmes que se fazem com talento e profissionalismo. Tem outros que se fazem com isso tudo e amor.

Assim como os profissionais da equipe, vão chegando também as locações — visitamos um monte de lugares que recendem Paris em pleno Rio de Janeiro; e também visitaremos Paris, em busca do século XIX escondido na Cidade Luz moderna de hoje. Chegam também os conceitos de figurino, pranchas com roupas que nos fazem começar a pensar com as imagens daquela época. Maquiagem. Cenografia. Claro, chega também o elenco. Escolhas que serão para sempre. Tudo isso acontece ao mesmo tempo. Em cinema, 24 quadros por segundo exigem o esforço inteiro de um monte de gente correndo um monte de maratonas.

Viagem no tempo

— Pai, esse filme que você vai fazer é no passado?

— Sim, filho, acontece no século XIX.

— Pô, então você vai viajar no tempo???

O diálogo com o meu filho Bernardo, então com 9 anos, aconteceu enquanto eu estava sentado na cadeira do dentista e ele me aguardava. O raciocínio dele foi mais longe. "Mas, se você pode viajar no tempo pra contar uma história, por que não vai logo encontrar Jesus?"

Pronto, agora fui eu que aproveitei a sugestão *sui generis* e comecei a viajar no tempo, sob outra perspectiva — a de Kardec. Se não podemos embarcar na jornada de fato, poderíamos ao menos encontrar personalidades que viveram no passado. A possibilidade de encontrar qualquer pessoa também passou pela cabeça do professor Rivail, o homem de letras e ciências que descobriu a existência da vida espiritual de forma racional, por métodos únicos de investigação.

Durante suas pesquisas, de certa forma ele tinha a possibilidade de escolher, evocar, para usar o verbo correto, com quem gostaria de se comunicar, uma vez que a barreira entre vida e morte havia sido quebrada. "Ele te acompanha amiúde", respondeu um espírito à sua proposição feita apenas mentalmente. Como ele saberia com quem Rivail desejava falar?

"A filosofia da verdade só pode ser oferecida a quem for digno da verdade. A quem defendê-la com todas as suas forças, nem que para isso seja necessário beber cicuta", disse o espírito, abrindo a chave para entender o que o pesquisador confessou em seguida — sim, ele gostaria de estar com o filósofo Sócrates.

Encontrar quem quer que seja, apenas em tese (até porque em seguida ele entendeu que nem todos os que viveram estão disponíveis), não deixa de ser fascinante. A bem da verdade, dá pra pensar que Kardec fez a entrevista mais importante da história. A mais transgressora. A mais *sui generis* — ele entrevistou mortos!

Certamente, reflito, a possibilidade de falar com aqueles que já morreram e nos são caros, como nossos entes, seria muito provavelmente a escolha da grande maioria das pessoas. Os progenitores. Os filhos. Irmãos. Como a morte é uma separação — mesmo que temporária, como explicaram os espíritos incansavelmente —, não deixa de ser uma ruptura, um recomeço, algo que muda a página. E fazer essa reconexão com porta aberta no tempo é uma chance sem igual.

Rivail, todavia, escolheu mentalmente o "maior filósofo da história" para encontrar. E meu filho me sugeriu que eu deveria ir direto a Jerusalém para encontrar o "maior espírito que já pisou neste planeta". Isso tudo pensei enquanto obturava o dente. Quando pude falar, num intervalo do tratamento, ainda acrescentei uma resposta moralmente induzida, confesso:

— Filho, eu não iria querer voltar àquela época para ver o martírio de Jesus. Iria querer encontrá-lo na casa de Simão Pedro, contando histórias, depois de ter feito proezas e espalhado suas palavras imortais.

Antes de terminarmos o quase-diálogo com tons de surrealismo e a restauração dentária, agradeci internamente e lembrei também que um filme nos permite justamente isso — revisitar o passado, reencontrar personagens que amamos, vê-los "de pertinho" e, claro, sofrer e amar com eles.

Eu estava a um dia de viajar para Paris e começar a preparação do filme sobre a vida de Kardec. Estava prestes a "começar a encontrá-lo" de alguma forma. Pensando bem, se pudesse viajar no tempo, iria desembarcar no dia 18 de abril de 1857, na Galeria de Valois, em Paris. Para conversar um pouco com o professor Rivail, dito Allan Kardec.

Começar pelo fim

A senhora apressou-se na direção da nossa equipe a passos curtos e firmes, barulhos marcantes compassados pelo pequeno salto. Estávamos à frente de uma das dezenas de pequenas lojas do Palais Royal, um conjunto de galerias situado perto do Louvre, no centro de Paris. Construído em 1624, o local mantém a mesma estrutura original — apesar de as lojas que agora utilizam seus espaços no nível do chão serem modernas. Um estranho contraste, como sempre acontece quando velho e novo convivem em determinadas cidades do mundo. Era nossa primeira visita a locações. Nosso primeiro dia de pré-produção na cidade.

Imediatamente, a madame expôs as condições de filmagem. Não pode isso, não pode aquilo. Não pode a essa hora, nem àquela. Toda a ideia concebida no roteiro, que nos levou a pensar em fazer cenas do filme ali, esvaziava lentamente conforme aquela senhora, firme em suas palavras, destilava as regras de conduta.

Aproximei-me lentamente pensando em como poderia buscar uma alternativa. Fazer cinema é lidar com imprevistos. Dentro deles, buscar nossos anseios pra contar a história da melhor forma possível. Estar ali, naquele momento, era simbólico por se tratar de um endereço real do nosso personagem. Isso importa muito em uma biografia.

Ali, Allan Kardec havia sediado a primeira Sociedade de Estudos Espíritas de Paris. Antes, havia feito reuniões em sua casa, na Rue des Martyrs, número 8, um apartamento de fundos que ficou pequeno para todos os participantes interessados na doutrina que aquele professor acabara de compilar. Mas encontrou espaço numa das lojas da Galeria de Valois, e depois temporariamente usou o salão de um restaurante, o Duix, na Galeria Montpensier, diametralmente oposta.

Entre aquelas pilastras, ele estudava o mundo espiritual, mas também passeava perto do teatro onde até hoje é possível ver Molière. Ali, ele olhava aquele espetacular jardim e muito provavelmente refletia sobre tudo o que estava fazendo, usando seu famoso bom senso sobre a vida espiritual que codificava.

Ali, em um lugar que hoje não existe mais porque era uma das alas transversais que foi desativada — e cujas lojas foram destruídas, para manter somente a linda colunata em fila, que parece brincar com as luzes da tarde e com as perspectivas, fazendo pose pra tudo quanto é foto —, o nosso personagem lançou o livro. O tal livro fruto de uma pesquisa sobrenatural, única na história. O tal livro que iria mudar tudo em sua vida. Um livro que não era "dele", em tese. Mas dos espíritos.

Voltando à negociação, entrei no papo entre os produtores locais e nossa equipe, de olhos arregalados pelas negativas educadas e formais.

— A senhora sabe qual é a história do nosso filme? — perguntei em um momento de silêncio, quando ninguém mais tinha argumentos. Todo mundo me olhou, tipo: por que raios ele está falando disso agora?

— Mais ou menos — a senhora respondeu. — Se passa no século XIX, né?

Eu disse que era sobre a vida de um francês muito conhecido no Brasil. Tão ou mais que o Zidane. Ela nem riu da piada sem graça. A equipe entrou em pânico.

— Allan Kardec, já ouviu este nome? — indaguei, já sem esperança.

— Ah! — seus olhos brilharam de uma forma diferente, sem muita empolgação, mas em francês eu diria que o nome "*a fait quelque chose*" na mente dela, tocando um sino de memória. — De vez em quando chegam brasileiros aqui perguntando onde este senhor lançou um livro ou então em qual sala era a tal sociedade espírita...

— Que interessante! Isso acontece muito? — respondi, mostrando interesse.

— Sempre... Mas infelizmente eu não sei onde ficavam as salas. Eles andam por todos os lugares, tiram fotos e mais fotos e vão embora — ela disse sorridente.

— A senhora sabe da importância dele?

— Bem, pelo menos pra vocês, brasileiros, deve ter alguma.

— Tem sim, senhora, pelo menos para o nosso filme importa muito filmar aqui. Tem a aura da história dele... Sabe, ele foi um professor muito importante antes de se dedicar a esses fenômenos das mesas girantes e descobrir um mundo novo...

E, se eu não calasse a boca, iria contar toda a vida do professor Rivail pra ela.

Deixei o silêncio falar. Não iria tentar convencê-la. A equipe agradeceu. Mas parece que algo aconteceu. Não por minha causa, longe disso. Confesso que nem foi pelo nome Kardec. Mas ela se afastou e foi até o produtor francês. Confabulou com ele algo ininteligível pra mim. Depois, apontou algumas salas. Olhou pra mim meio sorridente e apontou as galerias. O francês apressou-se a nos contar as novidades: seria possível filmar ali, ainda que com restrições.

— Posso fazer o final do filme no jardim, senhora?

Ela me olhou no olho e respondeu:

— Pois sim, você pode ter o nosso belo jardim, por onde Kardec andou, no final do seu filme.

Quase chorei. Ou melhor, chorei. Mas escondido. Mantive a pose de durão na frente dela, olhei o jardim e mentalmente vi o professor passeando ali, feliz e sorridente, os créditos finais do filme aparecendo e as pessoas também emocionadas nas salas de cinema.

Pronto, com aquela sequência final, o filme já tinha começado.

Um dia para lembrar

No rádio tocava um rap francês nada diferente dos americanos. Pela manhã, parecia anacrônico em contraste com a névoa que se dispersava preguiçosa pelo Sena. Engarrafada em Paris, nossa van estava cheia. Produtora, diretor de arte, figurinista, maquiadora, ator, diretor, assistente de direção. Todos em silêncio. Sonados, pensativos, cansados ou odiando a música, imaginei. Passamos por uma arena de eventos onde a Shakira e o Santana iriam tocar em breve e, num desses lances de memória imponderáveis, meio proustiano, regressei uns trinta anos no tempo.

O mesmo silêncio, uma música sem identificação e todos calados. Éramos jovens jogadores do time juvenil do America Football Club e seguíamos num micro-ônibus do clube para jogar a decisão do campeonato carioca. Por conta da idade, da responsabilidade para um adolescente e de um monte de outras coisas, eu estava nervoso. Tudo podia acontecer. Era minha primeira final. O que me levou de volta ao tempo foi a taquicardia. Naquele 16 de maio de 2018, aos 47 anos, prestes a começar a filmagem do meu quinto longa-metragem, eu também estava nervoso.

Muita gente gosta desse sentimento às vésperas de começar algo grande. Não sei se gosto. Mas também não posso negar que não foi bom. Imagino que todos deviam estar sentindo algum tipo de nervosismo naquele dia, não apenas nós, naquela van, mas as quase oitenta pessoas envolvidas. Motivos, tínhamos aos montes. Uma diária com dez cenas externas na cidade de Paris em plena primavera. Cidade bombando!

Equipe desconhecida, códigos e métodos de trabalho diferentes. Uma locação que simplesmente era um dos pontos turísticos mais concorridos — em frente à Île de la Cité, à imponente e majestosa catedral de Notre-Dame, na Ponte de La Tournelle.

Não adiantou ter ido lá duas semanas antes e conversar sobre todos os pormenores. Não adiantou passar as noites seguintes rememorando os lugares onde eu colocaria a câmera e o que eu esperaria do elenco. Não adiantou ter uma equipe altamente capaz ao lado, com estrutura altamente profissional e, claro, a certeza de que tínhamos uma história incrível pra começar a contar. Eu estava nervoso. Contra toda a minha capacidade de achar que conseguiria fazer. Contra o ego que adora controlar. Sentia meu coração socar o peito, a respiração pela metade do pulmão, a perna mexer sem parar, as mãos um tanto frias, bocejos atrás de bocejos. Ner-vo-so.

Pode ter sido também o meu respeito e admiração pelo personagem--título. Afinal, desde criança conheço a história do professor e pedagogo devotado ao conhecimento pela razão e pela ciência em meados do século XIX que se permitiu abrir espaço para algo novo depois dos 50 anos de idade e simplesmente mudou toda a sua trajetória, o seu nome, para estabelecer a filosofia de vida mais bonita que já conheci — além de instituir os códigos e as informações de dimensões paralelas à nossa, de mundos habitados, de destruir dogmas religiosos como céu e inferno, de criar e explicar os métodos e os fatos de um sem-fim de fenômenos até então habitantes do planeta mistério. Também por isso eu estava nervoso.

Cheguei à ponte, olhei ao redor e simplesmente tinha a cidade de Paris pulsando numa quarta-feira. Franceses mal-humorados passando rapidamente, reclamando da nossa filmagem, atravessando as barreiras que colocamos. Carros e mais carros buzinando, sirenes de ambulância e de polícia (algo novo para a cidade, outrora calma e silenciosa). A equipe já ia nos primeiros movimentos e eu não estava me aguentando. Precisava correr ou gritar ou me enfiar embaixo de algum cobertor ou mergulhar no rio ou simplesmente respirar.

Fui até a beira do Sena e tentei respirar. Não era possível estar naquele estado vibracional com tanto preparo, sabendo exatamente o que e como deveria ser feito, pensei. Respirei o ar da manhã e olhei a catedral, olhei o céu, fui agradecendo, agradecendo, esboçando algum tipo de mentalização, oração. Foi quando ouvi. Uma música que não sei de onde vinha. Não mais o rap do pessoal da produção. Uma música cantada com vozes e mais vozes que era como um hino. Um hino ao amor e à verdade. Não contive as lágrimas. Era uma saudação. Uma ode aos céus, sei lá. Era poderosa. Fixei-me acima da Notre-Dame. Pensei em Kardec, agradeci a chance.

Quanto tempo passou? Umas dez vidas, provavelmente, naqueles ínfimos minutos sem que alguém da equipe me procurasse para solucionar alguma dúvida, numa das tarefas mais usuais de um diretor: sim, não, sim, não, talvez, o que você sugere, assim é melhor pra história, que falamos trezentas vezes por dia.

Ufa, foi uma "volta à normalidade". Grato, portanto, me acalmei. A música cessou nos meus ouvidos. Me senti pleno. Recarregado. Vão dizer que tomei um passe, dentro dos códigos do espiritismo. Que descarreguei no rio toda a tensão. Que pirei. Ou ainda que poderia ser uma música tocada em um dos bares ou apartamentos ali à beira do rio. Certamente!

Fato é que, uma hora depois, eu gritava "Ação!" — *Action!* — em cima da Ponte de La Tournelle, e via o professor Rivail, na pele do ator Leonardo Medeiros, atravessá-la. Ali ao lado, conforme ele caminhava, eu projetava mentalmente o que iríamos aplicar por meios digitais — as carruagens, as pessoas vestidas conforme a época, as sombrinhas e chapéus, o passado vivo em algum ponto da curva tempo-espaço que nunca morre.

Foi um dia espetacular. Jogamos uma verdadeira final de campeonato, que terminou com o pôr do sol ali mesmo, à margem do Sena, onde veremos estrelas espirituais adornando os céus de Paris no final do filme.

Quando gritei "Corta!", depois de nove horas e meia de filmagens ininterruptas, intensas, sem sequer sentar ou ir ao banheiro, com a equipe toda elétrica e magnética movendo-se sem parar, estávamos exaustos, mas felizes. Cumprimos um cronograma de filmagem que os franceses e a torcida do Flamengo diriam ser impossível — dez cenas num só dia. E o fizemos com qualidade, diga-se de passagem. Foi um dia memorável. De Kardec. Do cinema que amamos fazer. Digno da importância do amor e da verdade.

Quando o personagem chega

Dizem os deuses da dramaturgia que existe um momento em que o personagem chega. Não se sabe ao certo quando esse momento vai acontecer. É fruto de estudo, leitura, ponderação, exercício emocional, ensaio, insights, inputs e sabe-se lá mais o quê. Mas ele chega. Tipo um furacão, arrepio, êxtase, lágrima.

Quando a história é uma cinebiografia, por exemplo, trata-se de algo mais esperado ainda por atores, diretores e equipe. Afinal, estamos revivendo alguém que tem uma história registrada.

Não sei se os deuses dizem isso também, mas é fato que tem muitas vezes que não acontece a tal chegada e a tela do cinema infelizmente não deixa escapar. Mostra que a magia não veio, a química não funcionou e a coisa toda ficou no quase. Mas quando a coisa acontece...

Que o diga a produtora de elenco Marcela Altberg, que fica procurando com toda a sua experiência juntar personagens e intérpretes para criar magia. Ela nos propõe dar rosto e corpo para gente que, até então, vivia nos pensamentos de cada um. São decisões difíceis e que não têm volta.

Escalar um filme é mais trabalhoso do que escalar a seleção brasileira. Não tem chance de mudar no segundo tempo, não tem chance de reconvocar outro jogador. Nem esperar pelo próximo torneio. Escalar um filme é pra sempre.

Depois que Leo Medeiros e Sandra Corveloni entraram no filme, pudemos partir para todas as outras escalações. Precisávamos dos protagonistas para conseguir desenhar o restante. Logo veio o padre Bautain do Genézio de Barros, com quem quase trabalhei em *Nosso Lar*. Vieram as médiuns, Ruth-Céline Japhet, Ermance Dufaux e as irmãs Baudin. Outros demoraram mais, como Carlotti, que se vestiu no ator Leonardo Franco no dia da leitura do roteiro que fizemos. Não tinha quem lesse as falas do linguista amigo de Kardec, que serve também como junção entre outros personagens que o convidaram para as mesas girantes. Ele leu. E ali estava o personagem.

Sim, porque tudo começa com uma reunião ao redor de uma mesa que não vai falar, nem girar, mas vai ficar registrada porque é quando ouvimos pela primeira vez a voz dos artistas. É quando a imaginação começa a ser compartilhada. Tons ajustados, entendimentos aprofundados.

Dali em diante, fizemos diversas reuniões com grupos. Treinamentos para caligrafia e para psicografias — Julia Konrad visitou uma sessão de comunicação espiritual em São Paulo e viu médiuns em ação para viver a senhorita Japhet. Louise D'Tuani chorava de emoção até durante os ensaios, sentindo a força da personagem Ermance.

Letícia Braga e Júlia Svacinna sentaram-se à mesa com lápis e papéis para "soltarem a mão" como se estivessem em trabalho de psicografia. Antes, durante e depois conversamos sobre diversas questões do mundo espiritual. Duas adolescentes absolutamente interessadas não só no trabalho que iriam fazer, mas no mundo invisível que também atraiu Kardec. As mãos delas suavam e elas ficavam extremamente agitadas. No dia da filmagem, Júlia não conseguia parar de tremer depois que a cena acabou. Precisou de abraços, carinho e "voltar a si mesma" com a equipe ao lado.

Foi incrível também encontrar o Christian Baltauss, ator francês que iria interpretar um personagem meio misterioso para a trama. Uma espécie de general que fica jogado pelas ruas da cidade. Olhando algumas fotos inicialmente, logo percebemos que os olhos e a expressão dele eram muito fortes e serviriam — e muito — para o personagem. Grande alegria saber depois de todo o seu currículo cinematográfico, que inclui trabalhos com nomes como François Truffaut e Luis Buñuel, além do português Manoel de Oliveira. Christian ficou amigo da gente. Não conhecia Kardec e assim que acabou a filmagem me mandou uma foto à beira do túmulo do professor, um dos mais visitados do Père--Lachaise. Por brasileiros, claro.

A preparação para o personagem de Allan Kardec a ser interpretado pelo ator Leonardo Medeiros não fugiu à regra dos processos razoavelmente normais. Conversamos muito. Falamos sobre tudo que pudemos acerca da doutrina espírita, mas, principalmente, da vida de Kardec.

Fizemos leitura entre ele e Sandra. Numa delas, inconscientemente, deram-se as mãos por cima do roteiro. Pronto, ali começava uma ligação profunda que iria remeter à ligação imorredoura de Léon e Gabi — os nomes que entendemos deveriam ser usados entre eles no trato pessoal.

Estávamos docemente invadindo o cotidiano de um casal francês da segunda metade do século XIX, pedindo licença para vê-los de pijamas, descabelados, cansados e tomando café da manhã. Prontos para vê-los juntos enfrentando a jornada de transformação pela qual o filme transita.

Ensaiamos, estudamos e pensamos o aspecto visual de ambos — que tem importância, mas não é fundamental. Particularmente, prefiro "não muito parecido", mas cheio de credibilidade, a "igualzinho", porém sem conteúdo. No caso de Sandra, figurinos sóbrios, elegantes, firmes. No caso de Leo, a coisa era um pouco mais complexa.

Ele estava com barba crescida por alguns meses, cabelo idem. Anna Van Steen, maquiadora e caracterizadora, abriu uma maleta com uns dez diferentes tipos de cortador de cabelo. Começou o trabalho aos poucos. Quanto mais os cabelos caíam, mais crescia a nossa expectativa. Aqui, ali, um dedo a mais, um cabelinho a menos, a costeleta, o bigode na linha da marca de expressão... e a gente em cima do Leo olhando os detalhes.

Mas a respiração ainda estava igual. Ele mesmo se olhava e não se encontrava. Era um incômodo silencioso, leve. Um pensamento invasor passou correndo pela minha cabeça: "Se ela cortar demais a gente perde os cabelos." E outro: "Pode ser que não dê certo."

Até que meu telefone tocou e espantou os fantasmas. Resolvi me afastar para falar. Andei até o fundo da sala... Comecei a prestar atenção ao meu interlocutor e, de repente, meu olhar encontrou ali, no espelho em frente ao ator, Kardec.

Tomei um susto, fiquei alguns segundos sem falar com a pessoa ao telefone. "Alô, alô, Wagner, tá aí?" Eu respondi: "Peraí que tô vendo o Kardec." E desliguei. Anna veio ao meu lado e se emocionou. Leo ficou esperando... O que vocês estão vendo? A gente fez uma foto, mostrou pra ele. Um ajuste no pescoço, na testa, o toque final. Ali estava o visual do professor Rivail, mesmo sem a roupa do personagem. Me deixou tranquilo, feliz.

De certa forma, ainda não era o personagem. A gente teve provas de figurino e a Rô e a Kika, figurinistas, colocavam cartolas, bengalas, diferentes tipos de casacas, paletós. O Leo entrava na cabine, eu esperava ele sair para sentir o tal momento. Mas não rolava. Ali era tudo muito técnico, como deve ser. Infantilidade a minha, talvez, ficar esperando magia no meio de tanto trabalho. No entanto, as roupas eram lindas, verdadeiras. Foi um grande passo. Nas imagens preconcebidas que ficam pulando na nossa mente antes de começar a filmar, já era possível pensar num personagem que tinha rosto e roupa.

No primeiro dia de filmagens em Paris, uma das cenas finais se passa em frente a uma livraria — onde Kardec vê *O livro dos espíritos* e se emociona. Pois bem. Posiciona a câmera, ajusta a luz, acerta o cenário, ensaia o movimento de foco e vamos rodar. Tudo naquela pressão de final de campeonato.

Vai câmera, ação. Foco no livro... foco em Rivail... E, de repente, meu Deus! O que vi novamente através do vidro, no reflexo do espelho, ao lado do livro, foi ninguém menos do que o espectro perfeito de Allan Kardec, emocionado e emocionando. O personagem, finalmente. Kardec revivido me trouxe lágrimas no meio do take. Tive vontade de gritar pra todo mundo: venham ver! O Kardec chegou! Em plena primavera parisiense. Cento e sessenta anos depois, na mesma galeria do Palais Royal, por onde ele andou. Oi, professor Rivail, tudo bem? Podemos contar sua história?

Não por acaso, essa cena virou um teaser trailer do filme. Afinal, corrigindo-me, o personagem não somente chegou. Ele explodiu num facho de luz. Assim como o final do filme, que era pra ser somente o professor transformado em Kardec caminhando pela cidade. Quando olhei Amélie ali no Palais Royal, ao lado dele, não hesitei — os dois caminham juntos! Coisa de cinema. Mágico.

Jolie, a égua parisiense

Toda vez que vamos filmar com animais, crianças na primeira infância e, diz a lenda bem-humorada, com determinados artistas, a produção fica preocupada. É o famoso "tudo pode acontecer", que fica nas entrelinhas e pode atrasar um processo de produção industrial que atualmente gira em torno do minuto a minuto da diária de uma filmagem.

A primeira preocupação da produção é (deve ser) sempre o bom trato do animal. Tratador, veterinário, dono, bem-estar e o que mais for necessário para todo o cuidado com ele(a). Uma série de reuniões é feita sobre como a cena vai ser filmada, com minúcias de minúcias — e mais minúcias. Se teremos treinamento, qual a ação específica, se pode ficar no sol, se morde, bica, belisca, se precisa de remédio, enfim, é sempre um capítulo à parte filmar com animais, crianças e "determinados artistas" (para não perder a piada).

Há histórias inenarráveis sobre como essas três "categorias" criaram situações surreais e quase ficcionais durante filmagens. No nosso caso, teríamos de lidar com gato e cavalos. O primeiro seria na casa do personagem principal, Kardec. Mas os outros seriam nas ruas, do Rio de Janeiro e de Paris.

Nas primeiras visitas técnicas às locações para entender quais seriam os caminhos que as carruagens percorreriam, uma questão logo apareceu: a rua num bairro antigo de Paris era muito estreita. Rua de época, como dissemos. Isso gerava um problema técnico simples — a carruagem não teria como fazer meia-volta para se reposicionar no lugar inicial e refazer as cenas.

Vale lembrar que raramente fazemos cenas com uma tomada apenas. Mesmo em ritmo intenso, com um cronograma cheio, sempre aparece um ou outro problema. Sempre pode ficar melhor. No mínimo, vamos fazer a sequência duas vezes — no ensaio e no "ação".

Os produtores franceses eram inclementes quando pedíamos para que a carruagem fizesse o retorno ao final da rua, num cruzamento com uma rua principal. "Não podemos, seremos multados, não podem andar cavalos nem carruagens naquela rua principal", exclamavam. Aceitamos. O que fazer?

Essa é a magia do cinema. Uma atividade que precisa juntar arte e indústria e que jamais se apresenta simples, rápida e fácil, como sempre repito. O único remédio é paradigmaticamente a sua maior força — a criatividade. Ou a ajuda de onde menos se espera.

Chegamos à locação e em seguida ouvimos o tropel do cavalo. Para nossa surpresa, uma égua. E que égua! Linda, portentosa, elegante e calmíssima. Seu tratador a acariciava, ela mexia o pescoço em retribuição. Não resistimos e começamos a fazer carinho também, a brincar, tirar foto e conversar com ela — em nosso parco francês ou mesmo em português. Carinho é linguagem internacional e até os animais entendem.

Logo, descobrimos que ela era uma estrela do cinema e da televisão francesa. "Já fez mais de duzentos filmes", disse seu treinador. Jolie tinha 20 anos e se comportou como uma verdadeira profissional no set. Ou melhor, uma diva. Não fez barulhos altos, não deu coices em ninguém (ufa) e muito menos reclamou por esperar. Além disso, nos surpreendeu.

Na hora de começarmos, logo o problema da meia-volta veio à tona. O que fazer? O treinador disse: "Ela faz o que a gente quiser." O que a gente queria era que ela retornasse numa rua de menos de 4 metros de largura, fazendo a manobra entre girar, voltar para trás com a carruagem e depois seguir. O homem olhou a diva, olhou a carroça... "Se importa se eu puxar no lugar dela quando a câmera estiver dentro da carruagem?", perguntou. Para isso, não estávamos preparados.

As duas primeiras cenas foram feitas com a Jolie olhando tudo meio blasé em sua sombra, sendo penteada, pensando "Que gente estranha esses humanos...", e seu tratador no lugar dela. Seria este o cachê mais fácil de sua longa carreira?

A carruagem voltou ao ponto de partida e chegou a hora dela trabalhar. Os produtores franceses desesperados ficaram na esquina para impedir que invadíssemos a tal rua proibida. Diziam entredentes que teríamos que fazer tudo numa tomada só. Se acertarmos, maravilha. Se não, sabe-se lá.

Fomos em frente. Jolie se preparou, começou a trotar na hora do "ação" lindamente. Fez uma parada exemplar na marca desejada. Ficamos felizes. Mas eu precisava repetir, fazer o quê?

"Sem problemas", o treinador respondeu, alheio a toda a problemática anterior sobre um retorno. Fez um comando e Jolie, como uma verdadeira atriz, simplesmente deu meia-volta num espaço mínimo, diante de todos nós, boquiabertos e sorridentes. Quase dobrou por sobre o próprio corpo. E voltou ao ponto de partida.

Aí não teve jeito: graças à competência dela, pudemos repetir mais algumas vezes. A cena ficou pronta. Jolie deu uma olhada pra gente, balançou sua crina linda e partiu. Tinha mais umas filmagens para fazer naquela semana...

Voltamos ao Rio e chegou a hora do gato. Olhei mais de vinte gatos diferentes tentando imaginar qual seria o mais francês. Difícil missão. Um deles me olhou com jeito altivo, como se me dissesse "Sou eu...".

Pronto, escolhido o bichano, ele foi levado ao set e precisamos fazer o reconhecimento com o Leo Medeiros. Tudo certo. Cena montada, elenco na marca... Ação! Leo, ou melhor, Rivail pega o animal, creditando-lhe uma mesa virada em sua casa. Abraça-o ao lado da esposa, Amélie, e, ainda um tanto "presunçoso", o gato dá uma olhada firme para a câmera, elegante, tão seguro de si que o take foi o escolhido para ficar no corte.

Até hoje acho que aquele gato queria dizer alguma coisa pra gente. Falou pelos olhos.

O diário de todos os dias

Quando aparece um homem com colete de trânsito, um caminhão, uma picape, um maquinista carregando uma caixa, pessoas andando cansadas com suas mochilas às costas, estamos chegando ao set de cinema. Passo a passo, atravessamos uma fronteira de realidade em busca de construir outras realidades.

Muita coisa acontece antes disso. Os técnicos e artistas vão entrando em cena como num concerto já ensaiado — lanche, camarim, maquiagem, figurino, maquinária, câmera, elenco. Cenas, roteiro, posição de câmera, trilho, grua, steadicam. Luminárias de toda sorte, tripés, móveis, objetos. Cartão de memória, cadeiras arrumadas. A preguiça de lado. Claquete. Respira fundo. Vamos lá, pelas próximas doze horas, cena após cena. É assim sempre — todo dia, o diário de uma filmagem é um só.

Há variações sobre o mesmo tema. Tem dias que chega o pessoal dos efeitos visuais. Os dublês. O caminhão de água. Tem dias que tem pizza; em outros, churrasco. No nosso caso, todo dia tem oração antes de começar. E música clássica. Ânimos se exaltam, outros deprimem.

As relações humanas são levadas ao extremo em sua versão profissional — é preciso um mundo de coisas boas acontecerem para que os que vão interpretar possam viver sentimentos e verdades de personagens criados num papel. Há exercícios de poder e humildade, de generosidade e paciência. Tem gente que "quer aparecer". Outros precisam.

O diário de todos os dias tem discussão e nervosismo quando a hora corre mais rápido que a eficiência. Tem celular que toca e conversa alta. Tem vizinho com som alto e obra do outro lado da rua. Mas tem também lágrimas e emoções inesquecíveis quando a verdade da história explode no meio do cenário nas palavras, ações e sentimentos dos artistas, atravessa a câmera e chega até nossas almas.

As costas doem, o corpo curva. Sentamos e levantamos trezentas vezes. Nos perdemos em nós mesmos, nas nossas angústias de saber se estamos fazendo bem, se estamos fazendo certo, se estamos cuidando de todos os detalhes que, depois, na ilha de montagem, vão virar uma história contada em imagens.

Tem aquele movimento de câmera que não conseguíamos acertar e que envolvia seis pessoas em sintonia. Isso na última hora de trabalho, um calor sem igual (não dá pra ligar ar-condicionado por causa da interferência no som), você olha pra eles a cada vez que "não ficou bom". Aí um deles fala: "A gente não sai daqui enquanto não acertar." Decisão tomada. Exaustos, fazemos quinze, vinte vezes o movimento. Passamos quinze minutos do horário. E o movimento fica espetacular. Um dos que abrem o filme. E todo mundo vai para casa feliz.

Cada filme tem sua história de bastidores contada de forma peculiar e individual. *Kardec* teve muita gente falando de gratidão. Muita gente perguntando sobre o mundo dos espíritos, influenciada pela história que vai ser contada na tela. Todo mundo ganhou a biografia do Marcel Souto Maior. Todo mundo ganhou *O livro dos espíritos.*

No final das contas, por mais simples, rápida, fácil ou calma que possa ser uma filmagem, vale sempre a pergunta essencial: por que estamos ali? Porque amamos. Não há outro verbo que exprima e sustente outro sentimento que não esse para estar num set. É livre-arbítrio puro. Poderíamos procurar outra coisa pra fazer, algo que não nos expusesse tanto numa atividade que junta arte e indústria, diametralmente opostas, de forma tão *sui generis.*

O filme teve quatro semanas e meia de filmagens. Além da semana em Paris. Teve filmagem no centro da cidade do Rio de Janeiro, em Niterói, no bairro da Glória e também no Alto da Boa Vista. Dias com fogueira, tochas e muita gente. Dias apenas com Leo Medeiros, que, de verdade, esteve em quase todos os dias. Filmagem é um grande show que acontece todo dia. E quando acaba a gente fica apegado e sofre.

E assim o faremos em todos os filmes. Escrevendo nossos próprios diários, nossas próprias histórias. O diário de todos os dias. Corta. Próxima cena!

A ORAÇÃO

Tiros. Um rajada deles. Em meio ao susto, alguém logo avisou — é o Batalhão do Bope que treina todo dia das 17h às 18h. "Então significa que não poderemos filmar nesse horário?" Parece que sim. A informação vinha horas depois de a gente ter visitado uma casa em Santa Teresa, bairro do Rio de Janeiro, com a intenção de transformá-la no interior do apartamento do professor Rivail em Paris.

O lugar era perfeito — móveis, paredes, cortinas, janelas. Parecia um reality show onde colocam as famílias para viverem em ambientes do passado. Só não era tudo perfeito porque, claro, não estávamos em Paris e do lado de fora havia árvores bem brasileiras e toda a vista da cidade. E tiros.

Soubemos também que o bairro vivia um momento muito conturbado, com guerras entre traficantes. "Pode ser que tenha tiroteio um dia ou outro", disse alguém. "E que a equipe não consiga subir ou descer da locação", disse outro.

Tiros e frustração. Um dos grandes desafios deste filme era conjugar interiores no Rio de Janeiro com a Paris de 1855 de Kardec. Aquela casa era perfeita. Era. A produtora do filme, Eliana Soárez, me procurou alguns dias depois — estava sem dormir por causa daquela situação. Não posso assumir responsabilidade por 100, 120 pessoas diariamente, com esse risco. Por melhor que seja a locação.

Tiros, frustração e ansiedade. Faltando menos de duas semanas para começar a filmar, não tínhamos ainda o cenário principal — a casa do protagonista. Enquanto voamos para Paris pra filmar a maioria das externas do filme, uma equipe de três produtores de locação saiu pelas ruas do Rio procurando uma "casa perfeita" para nós.

Reviraram a cidade. Ao voltarmos, uma informação que chegou "por três pessoas diferentes ao mesmo tempo": havia uma casa, no bairro da Glória, que tinha características semelhantes àquela de Santa Teresa. E que poderia eventualmente, com algumas interferências, truques e magias do departamento de arte, ficar perfeita.

Lá fomos nós. Era a última chance. Entramos e o primeiro andar estava completamente "fora do contexto". Mas, quando pisamos no segundo, *voilà*, paredes com madeiras, pé-direito alto, antessala, sala, gabinete. A gente ajusta aqui, coloca uma tapadeira ali, o Claudio Amaral e o Helcio Pugliese toparam o desafio de virar noites para dar um lar ao Kardec. Começamos a pensar. Não sabíamos se daria tempo.

Eu não sabia o que dizer ainda. Estávamos no meio da sala esperando uma luz metafórica para dar um ok e seguir adiante — seria um *tour de force* construir um cenário em tão pouco tempo. De repente, o produtor de platô, Bruno Soares, chega até mim com um papel nas mãos. Ele estava ao lado da assistente de direção, Sofia Saadi, checando o quadro de luz da casa quando encontraram um papel colado na parte de dentro da tampa da caixa de energia da casa.

Amarelado, mas não muito velho, escrito com boa grafia a lápis, mas sem assinatura. Dizia:

> Vamos elevar o nosso pensamento a Deus, o Senhor do Universo, para, antes de mais nada, agradecer a bênção do trabalho que ora executamos, e pedir que todos nós sejamos envolvidos na sua luz bendita, para que tenhamos calma, lucidez, paz e harmonia para transformar toda e qualquer energia saturada em luz, amor e realização. Que Deus esteja sempre ao lado de cada um de nós e que seus anjos, nossos queridos guardiães, possam igualmente nos iluminar e proteger. Graças a Deus.

Me emocionei, nos emocionamos. Sem mais tiros, frustração ou ansiedade. Sim, é aqui que vamos filmar, aqui que vai ser a casa do Allan Kardec! E mais: vamos fazer essa oração todos os dias da nossa filmagem. Assim foi feito. Teve o Big, da elétrica, que fez a oração. Teve o Bruno. A Sofia, assistente de direção; a Eliana Soárez; a Glaucia Pelliccione, continuísta. Eu mesmo. Teve também o Dan, fotógrafo still. E teve o Leo Medeiros, no melhor estilo de Kardec, com roupa de cena, que me deixou arrepiado dos pés à cabeça umas dez vezes enquanto lia.

No final das filmagens, a Sofia, que trabalhou o filme inteiro com a oração no bolso, sugeriu: vamos devolvê-la pro lugar onde estava para o próximo inquilino encontrar. E que possamos pedir bênçãos para quem se dedica a espalhar textos assim, anônimos, pelos lugares por onde passa.

Assim seja.

O gráfico Kardec

Uma curva ascendente interrompida. Que se transforma num novo ponto e recomeça equilibrado e depois vai subindo aos poucos, até alcançar um padrão bem alto. Dali, algumas pequenas oscilações, com viés de alta e depois o pico climático. A partir de então, a tendência se reverte e a curva começa a descer vertiginosamente, deixando pequenos pontos de tentativa de recuperação sem sucesso. Até que chega ao ponto mais baixo. E, numa virada surpreendente, o que era ruim se transforma em algo maravilhoso, e a curva, que parecia estar no ponto mais baixo, está na verdade no ponto mais alto, descobrindo, inclusive, que há mais espaço para crescer.

O relato acima pode parecer um estudo de mercado de capitais. Ou uma análise de gráficos sobre quaisquer assuntos do mundo capitalista, contemporâneo e, também, pragmático. Todavia, trata-se de uma análise das variações emocionais e dramáticas de Kardec, nosso personagem.

Nem sempre desenhar serve só pra quem "não entendeu nada", como se diz atualmente. Ou melhor, desenhar pode nos ajudar a entender mais ainda. Foi assim que começamos a estudar as nuances e transformações do personagem ao longo do roteiro. Trabalho proposto pela Sofia e pela Renata Rodarte, assistentes de direção, que me trouxeram uma página com todas as cenas em horizontal num papel para que desenhássemos essas nuances.

Em seu drama, o professor se vê diante de situações incontornáveis. Sua carreira gloriosa, cheia de reconhecimento, termina com a sua aposentadoria, talvez precoce. Ele precisa recomeçar a vida, continuar a dar aulas com a esposa, Amélie-Gabrielle, manter o sustento da casa numa sociedade oprimida. Recebe os convites para as reuniões de mesas girantes, mas declina. Aos poucos, no entanto, pequenas evidências e fatos aparentemente fortuitos o fazem aceitar presenciar o fenômeno.

Uma nova etapa começa em sua vida, uma pesquisa atenta, minuciosa, que o leva às descobertas que alcançam o clímax quando publica seu livro, ou melhor, *O livro dos espíritos*. A partir daí, os ataques aos médiuns, as discordâncias entre eles, as dificuldades na Academia de Ciências e mesmo o cansaço físico e mental lhe derrubam em sua trajetória. Parece que tudo está terminado. Até a fogueira. Que reverte toda a situação com uma abordagem que retoma a curva de transformação.

Sim, valeu a pena, como diria o professor, transformado então em um novo homem, aos 53 anos de idade, para dar "voz aos espíritos". Uma montanha-russa emocional, cheia de vida, cheia de dramas.

Um gráfico simplório num papel compartilhado entre elenco e direção. Apenas linhas num papel. Mas que podem abrir janelas para outras dimensões.

Mozart

A primeira vez que vi o filme *Amadeus*, de Milos Forman, e chorei litros (e decidi rever mais umas duzentas vezes) foi também provavelmente a primeira vez que fui pesquisar sobre este espírito e encontrei, na *Revista Espírita*, relato sobre a participação dele, o próprio Mozart, nos estudos de Kardec.

Isso mesmo. Pro amigo desavisado, Kardec narra, na *Revista Espírita* de maio de 1858, a experiência que foi conversar, por duas vezes, com o espírito que se apresentou como o famoso músico. Na primeira vez, eles falam sobre as relações mediúnicas entre espírito e médium e outras questões da vida no mundo espiritual. Mas, na segunda, falam de música. "A melodia é, muitas vezes, uma lembrança da vida passada; teu espírito recorda aquilo que entreviu num mundo melhor", disse o músico por vias mediúnicas (como quase sempre, não sabemos qual médium trazia a mensagem — uma forma de Rivail proteger a pessoa e também a natureza da comunicação).

Mozart ainda filosofa: "Há melodia em toda parte: no murmúrio da água, no crepitar das folhas, no canto do vento; as flores sussurram e cantam; tudo torna os sons melodiosos." E ele dá outra informação a respeito do uso da música quando afirma que "a música religiosa auxilia a elevação da alma".

Mozart também fala que a música do planeta Terra não é a mesma de outros orbes do Universo. Antes de ir embora, pede que seja evocado mais vezes para contribuir com a melhoria dos espíritos encarnados e ajudar na ascensão a Deus.

Kardec tinha ignorado duas comunicações que recebera de outros médiuns acerca de conversas com Mozart. Como não conhecia o médium e sempre seguindo seu critério, ignorou-as. Mas acabou por evocar Mozart para ver se aquelas respostas tinham alguma base de verdade. Foram 28 perguntas na primeira sessão e 37 questionamentos na segunda.

O espírito de Mozart também afirmou que morava em Júpiter, um planeta mais evoluído que a Terra, onde não há mais ódio e a vida dura de trezentos a quinhentos anos.

Nada impressionava Kardec. Até porque ele já estabelecera que a pluralidade dos mundos seria um dos pilares da doutrina. Mas grafou o diálogo para ser publicado na revista.

A terceira comunicação com o famoso músico foi marcante. Aconteceu cerca de um ano depois. Mozart tinha um companheiro também famoso — mas num outro estágio de vida. Frédéric Chopin deu relatos de sua condição espiritual. Nesta sessão, o músico de Viena — ou seria de Júpiter? — ditou um fragmento de sonata para o deleite de todos.

Kardec pegou as notas e correu para um músico. E outro e mais outro. Não dizia de quem era a música para uns. Tocavam e diziam fazer parte do estilo inicial de Mozart, em seus primeiros anos como compositor. Só após essa investigação, Kardec teve a confirmação da autenticidade de Mozart, como autor da mesma.

Feliz, o professor incluía a sonata em diversos envios de materiais para todo o mundo. Dezenas de cópias estavam no carregamento que foi queimado em 9 de outubro de 1861, no episódio conhecido como Auto de Fé de Barcelona.

Essa história é fascinante demais para ficar fora de um filme, certo? Nos primeiros tratamentos de roteiro, não hesitamos e colocamos a visita de Mozart, o questionamento de Rivail e em seguida a música sendo ditada e... tocada.

Pois os processos de edição e o respeito a um tempo razoável de duração do filme dentro das leis do mercado fizeram com que a sequência fosse cortada. Muito infelizmente, quase chorando, vi a editora marcar o início e o fim das cenas e apertar o delete. Mas confesso que não sosseguei.

Durante a realização do filme *Nosso Lar*, as pessoas diziam que Ludwig van Beethoven seria o padrinho musical do filme — usei uma de suas músicas mais conhecidas durante uma sequência. Eu tinha que encontrar o padrinho musical do filme *Kardec*. Não havia dúvidas — Mozart.

Pedimos ao compositor Trevor Gureckis que ouvisse a sonata. Ele me disse exatamente: "Parece Mozart, sim, pelo menos em suas primeiras composições." Mostrei a dois outros pianistas aqui no Rio. Uma delas foi taxativa — isso não é Mozart, está fora do padrão dele, é impossível que seja atribuída a ele! O outro concordou que poderia ser Mozart, mesmo que longe do Mozart mais "famoso".

Resolvi parar com a pesquisa. Se o professor Rivail já a tinha feito, por que iria repetir? Pedi desculpas ao Mozart por tê-lo "cortado do filme" de certa forma. E internamente pedi que aceitasse ser o padrinho musical do mesmo. Trevor gravou a sonata. E ela está presente no filme! Ah, e depois ainda usamos Mozart e Chopin, com trechos conhecidos do público, em outras sequências. Sei que o filme não deve passar lá, mas desejo que a vida em Júpiter esteja boa!

O LIVRO DE NÓS TODOS

Paris não é mais a mesma atualmente. Mas a Galeria de Valois parece que não muda. Um livro não é mais encadernado do mesmo jeito. Mas as palavras continuam ali. E, 161 anos depois, o professor Rivail deve estar feliz com os mais de 30 milhões de exemplares vendidos, com a sua tradução para todas as principais línguas do mundo, com a sua permanência não como um livro apenas — mas com ideias que o transcendem, venceram fogueiras poderosas, acima das religiões, das ciências e das filosofias humanas. Justamente porque o livro é dos espíritos.

Hoje lembramos a data de seu lançamento.

Naquela primaveril Paris de 1857, uma cidade sofrendo com falta de estrutura, esgoto nas ruas, mortalidade infantil e suicídios. Uma cidade que sonhou com liberdade, igualdade e fraternidade e se dobrou ao novo mundo capitalista, burguês, da sociedade que privilegia o consumo em vez de compartilhar. E, mais incrível ainda, com o absolutismo de um monarca autoproclamado.

Uma cidade que, todavia, abrigava mentes ansiosas por olhar além. Sob a luz de velas, queriam o sol para escrever de forma bonita. Mentes que buscavam reformar o ensino, como a do reconhecido professor Rivail, dizendo aos professores que amassem seus alunos como se fossem pais, e condicionando o aprendizado ao enlevo emocional e intuitivo.

Foi ali que ele codificou um conhecimento vivo e que sempre existiu — mas nunca foi explicado com a didática que deveria. Foi ali que os espíritos escreveram o livro sobre a vida — a deles, que somos nós; a nossa, que seremos eles. A de todo mundo.

Quando o diretor de arte Claudio Amaral Peixoto me mostrou o modelo que iríamos usar como *O livro dos espíritos*, inconsciente e infantilmente, abri-o para ler as perguntas de Kardec. Ledo engano, aquilo era cinema. O livro usado como base era outro, sobre psicologia. Nada mal. Apenas a capa o transformava no livro que mudou a vida de Rivail, que fez nascer Kardec.

Engraçado pensar que muita gente da equipe pediu de presente um modelo — que é apenas o que chamamos de mockup. Eu mesmo guardei alguns.

Lembrar a quantidade de trabalho que Rivail teve para escrevê-lo, as perseguições que sofreu antes, durante e depois do lançamento, as dores de precisar comparar todas as respostas para não produzir algo que não fosse absolutamente verdadeiro, nos faz querer filmar com mais motivação e respeito.

Espírito da Verdade

Durante a escrita do roteiro do filme, havia uma coisa da qual eu não poderia abrir mão: a presença do Espírito da Verdade no filme. Esse é um tema que ficou docemente polêmico no meio espírita, em razão da personalidade que existia por trás desta assinatura. E também por questões semânticas.

De alguma forma, poderíamos cortar, juntar ou mudar um pouco quase tudo sobre a vida do personagem, respeitando a essência dos fatos, a importância deles para a história do personagem. Mas a "participação" deste espírito não.

De fato, as palavras ditas por ele numa das psicografias que o ainda professor Rivail recebe são originais. Provavelmente, as lágrimas do professor também o seriam. A participação deste espírito tem uma força avassaladora na obra do professor. É dele também a proposta para a missão que terá que empreender — e da qual pode até declinar.

Há referências em quase todas as obras de Kardec a esse espírito. Desde *O livro dos espíritos*, passando por *O evangelho segundo o espiritismo*, *O livro dos médiuns*, *A gênese*, *Obras póstumas* e a *Revista Espírita*. Pelo teor de suas mensagens, pela força com que fala, a correlação seria imediata com Jesus Cristo.

Ele seria o responsável por tais palavras tão contundentes e que trazem tanta força moral e filosófica para a obra em questão. Não é à toa que este nome aparece no Evangelho de João, quando este repete as palavras do Cristo, falando do Espírito da Verdade e da vinda do Consolador.

Outra coisa que levamos em consideração para o filme, e que também é motivo de controvérsia, doce, diga-se de passagem, é sobre a grafia do nome. Seria Espírito de Verdade ou Espírito da Verdade?

A resposta seria clara: basta olhar os originais. No entanto, neles, há duas controvérsias. Ao ser indagado por Kardec sobre sua identidade, o espírito responde: "Para ti, chamar-me-ei A Verdade." Todavia, depois o próprio Kardec se refere a ele como Espírito de Verdade.

Pensando no filme para todos os públicos, pensando na universalidade da história, e pensando em "de verdade" como algo contrário a "de mentira", a opção inicial era usar A Verdade, como grafado pela primeira vez. Mas ainda tínhamos dúvidas. Aliás, dúvidas acompanham a realização de um filme. Ainda bem.

O bom delas é que as respostas chegam. No nosso caso, ao menos para fins de uso no filme, esta resposta veio numa visita que fizemos ao acervo do grande pesquisador Canuto Abreu. Documentos e mais documentos que, espero, virão a lume algum dia para ajudar a mostrar mais quem é Kardec.

Documentos de próprio punho, de cunho pessoal, documentos sobre o homem que andou pela França naqueles idos de 1850 e desafiou o desconhecido. Eu estava com o Marcel Souto Maior a convite do Oceano Vieira de Melo, pesquisador e cineasta.

Quando as gavetas se abriram, foi lindo e impressionante ver tanto material original, guardado por tantas décadas — desde que foi resgatado logo após a Segunda Guerra Mundial. E que, ainda bem, não foi destruído quando Paris foi invadida.

Aquela era uma visita cordial apenas. Não haveria ainda uma pesquisa maior, por diversos motivos que não cabem aqui nesta crônica. Mas, singularmente, um dos poucos documentos que chegaram à minha mão era fantástico. Uma carta do próprio Kardec, que dizia assim:

1861
Dieux Tout Puissant
La révélation que m'a été faite l'autre jour (16 janvier) par l'entremise de Mad. Dunand, m'a estupéfait. Dejá il m'avait que le Christ était mon ange guardien, mais j'ignorais que ce esprit qui se manifestait à moi sous le nom de la Verité, [...] le simple titre d'Esprit familier ou protecteur. Cette revélation me confond, car je ne demand comment j'ai pu meriter une telle favour; elle m'embarrasse, car je n'oserai plus lui parler avec la même liberté; d'un outre côté, elle m'encourage, car elle s'explique l'influence qu'exercent mes ecrits et celle qu'ils exerceront dans l'avenir, puisqu'ils sont inspirés par le Christ même [...].

Deus Todo-Poderoso
A revelação que me foi feita no outro dia (16 de janeiro) por intermédio de Madame Dunand me deixou estupefato. Já me parecia que o Cristo era meu anjo guardião, mas eu ignorava que [era] aquele espírito que a mim se manifestava sob o nome de a Verdade, [...] o simples título de Espírito familiar ou protetor. Essa revelação me confunde, pois eu me pergunto como pude merecer tal honraria; ela me constrange, pois não ousarei falar com ele com a mesma liberdade; em contrapartida, ela me encoraja, pois explica a influência que meus textos exercem e exercerão no futuro, uma vez que são inspirados pelo próprio Cristo [...].

A carta continuava com esse jeito maravilhoso e humano do professor encarar uma revelação tão confortadora e encorajadora. A partir dali, não tivemos mais dúvidas em chamá-lo de Espírito da Verdade, em respeito e reconhecimento.

A FOGUEIRA

Em 9 de outubro de 1861, cerca de trezentos livros e brochuras enviados pelo movimento espírita francês, mais especificamente por Allan Kardec, a um livreiro amigo em Barcelona, Maurice Lachâtre, ficaram presos na Alfândega daquela cidade sob alegação de que seriam livros "contrários à fé católica". O resto é história e filme.

Os livros foram queimados no que se convencionou chamar de Auto de Fé de Barcelona. Essa fogueira teve muitas consequências — no desenvolvimento do movimento espírita nascente na Europa, nas emoções de Kardec, na produção do filme que resolveu inseri-la na narrativa.

Havia uma foto na internet do que seria uma pintura com a reprodução do fato. Uma grande fogueira, uma multidão ao redor. Navios mercantes no mar ao fundo. Uma grande praça. Durante algum tempo, usamos a imagem como referência para a busca de uma locação no Rio de Janeiro que servisse para as cenas.

As opções eram muitas, mas, assim como o elenco e tudo mais em um filme que trata de acontecimentos reais, é preciso que as decisões "gritem" para os realizadores, dizendo "é isso mesmo, sou eu mesmo, foi assim que aconteceu". Não encontrávamos o local para a queima dos livros. Até que descobrimos que a referência era equivocada — aquela pintura representava a queima de um homem e não de livros. E as informações históricas também não batiam.

Sabíamos que o fato ocorreu na Ciutadella de Barcelona e as características da mesma. Demoramos para encontrar um local que se parecesse com o original. Até que conseguimos. Novamente a direção de arte pulsou sua paixão pelo filme e cravou onde poderíamos filmar. Aquela seria, de longe, a sequência mais difícil. Dezenas de figurantes. Centenas de livros. Uma fogueira.

Tínhamos que ter graduações do fogo para poder "ir queimando" conforme as imagens fossem sendo registradas. A cena foi toda ensaiada com os atores Jayme del Cueto e Genézio de Barros, e então começamos. Encosta uma tocha no livro e... nada. Não pegou fogo. Chama a equipe de efeitos especiais. Coloca um líquido especial escondido nos livros. Ação. A tocha se aproxima... e nada.

Começa de novo. Joga mais gel. "Ninguém aqui faz churrasco?", perguntou um desavisado. "De livro, não", respondeu outro. Tenta de novo. E de novo. Até que resolvemos o procedimento. Finalmente o primeiro livro começou a queimar.

Confesso que é uma sensação muito estranha. Mesmo. Por mais que seja tudo cenográfico. Mas vamos lá. A chama encosta, o livro começa a queimar, o nome *O livro dos espíritos* é consumido lentamente pelo azul e amarelo do fogo. Corta. Limpa. Troca tudo. Faz de novo.

Queima mais um pouco, com mais fogo dessa vez. Corta. Limpa tudo. Troca os livros. Esconde os apetrechos do fogo. Vamos em frente. Cerca de duas horas depois, era hora da "grande fogueira", com duas câmeras para registrarmos todos os detalhes.

Atenção, encosta a tocha, ação. O fogo começa a consumir os trezentos livros cenográficos. *O livro dos médiuns*, *Revista Espírita*, fragmento de sonata e *O livro dos espíritos*. Ali, não eram mais os mockups. Eram *O livro dos espíritos* e as pessoas gritando "heresia", "abaixo a Inquisição", contra o padre e o bispo da cidade.

As chamas começaram a arder, altas, contra o céu amarelado pelo pôr do sol. Os figurantes gritando como pedia o texto. Tudo lindo... E de repente eu observo no vídeo.

No meio do fogo, literalmente, um livro "teimava" em não queimar. A não sei quantos graus centígrados, com chamas de mais de 2 metros de altura, com gás forjando mais ainda a queima. O livro estava intacto.

Gritei pro Nonato Estrela, diretor de fotografia que conduzia uma das câmeras: "Tem um livro ali sem queimar!" E saí correndo na direção dele para ter certeza de que ouvisse e mostrasse o momento. Ele gritou de volta: eu já vi! Em close, no meio das chamas, como um bastião, *O livro dos espíritos* permanecia inteiro, talvez contando exatamente o que Kardec ouviu dos espíritos quando soube do fato: os livros queimam; as ideias, jamais.

Agradecimentos do agradecimento

Dia a dia, de doze em doze horas, as filmagens vão ficando para trás. As contas a pagar, a vida pessoal, a família, a praia, a chuva, os simples atos de colocar gasolina no carro ou ir à padaria já podem ser visualizados adiante como coisas que voltarão às nossas vidas. Porque durante uma filmagem nada disso é possível.

Foram cerca de 140 cenas filmadas. A maratona mais importante na realização de um filme vai chegando ao fim. Você passa dias intensos ao lado de profissionais e seus mundos particulares. Ri e chora, sofre e se emociona junto. Vira meio família. Fazer cinema também é a arte do encontro.

O equilíbrio entre tantas pessoas e mundos diferentes é um dos elementos para o sucesso de uma filmagem. Chegar ao fim dela é um esforço em conjunto. Todo mundo tem a sua parcela nessa remada. *Kardec* terminou do jeito que começou — com oração no início do dia, com as dificuldades inerentes a onde colocar a câmera, preparar o cenário, ajustar a luz, ensaiar, acertar e errar, ter a certeza de que ficou incrível e passar adiante.

Escrevi um texto de agradecimento para a equipe, que reproduzo a seguir. As filmagens terminariam para a grande maioria daqueles profissionais, e logo eles estariam envolvidos com outras produções, histórias, pessoas. A minha vida se resumiria a respirar por alguns dias e começar outra maratona — a da pós-produção.

Olá a todos,

Então chegamos à nossa última Ordem do Dia, nosso último dia de filmagem, amanhã. Esta mensagem é de "encarnado pra encarnados". Minha para vocês. ;-)

Registra o meu agradecimento eterno a todos os que atravessaram esta jornada para contar a história de Kardec nos cinemas. Uma jornada de esforço e dedicação, paixão e talento. Neste mês e pouco que passamos juntos, busco nos rostos ávidos por acertarem, no esforço em meio aos bocejos, no suor daquele último plano, daquela desprodução tardia, e até mesmo no nervosismo do erro com vontade de acertar, no desequilíbrio momentâneo — e humano —, depois de horas e horas de tensão, nos gritos de silêncio que nunca faltam, nas reclamações, mas também nos sorrisos de ver a beleza pujante de nossa história pulsar na tela e produzir aquela sensação fabulosa de emoção quando a câmera liga e a magia acontece, busco nisso tudo a certeza de que a história de nossa realização foi linda, vitoriosa, com o máximo possível de harmonia, respeito e felicidade que pudemos construir.

Um lindo filme de bastidores que vivemos. É isso que registro aqui e compartilho com todos, por gratidão e reconhecimento.

Como diz nosso mantra-oração de todos os dias, ao buscar transformar toda e qualquer energia saturada em positiva, nos encontramos muitas vezes expostos às nossas maiores dificuldades como seres humanos — e, por isso, todo e qualquer esforço para transformar todas as dificuldades, vencer todos os obstáculos pessoais e sociais e cumprir todos os planos foi, sem dúvida, um dos pontos lindos de nossa história dos bastidores.

Quanto comprometimento, quanto talento de todos. E falo de toda a equipe, da logística ao artístico. Certamente também da equipe invisível, com sua caravana impressionante em nome de um mundo melhor.

Cinema é a arte do encontro e termino este texto reforçando que levarei para sempre, no mais íntimo de minha alma, este encontro com vocês, cheio de memórias inesquecíveis.

Sempre lembro que fazemos cinema porque amamos. Não consigo entender outra razão pra nos submetermos a tamanha intensidade profissional. Arte e indústria não nasceram para caminharem juntas, mas nós teimamos em caminhar na estranha linha divisória que une essas duas atividades na vida moderna. E só o fazemos porque colocamos uma força divina nele — amor.

Que esta jornada, em nome deste Kardec que aprendemos a conhecer, tenha sido uma caminhada que dê orgulho e glória para todos.

Nos veremos em breve, noutros trabalhos, noutras jornadas. Nas salas de cinema, orgulhosos certamente — podem ficar! — por termos construído esta história juntos.

Que Kardec tenha orgulho de nós.

Que a "inteligência suprema, causa primária de todas as coisas" esteja viva dentro de todos nós.

Obrigado, amigos encarnados. E, por que não?, desencarnados também!

Maratona de pós-produção

Ilha é um pedaço de terra cercado por água. Ilha de edição é um pedaço de máquina cercado de incertezas por todos os lados. Antigamente, chamava-se sala de montagem. Havia metros e metros de negativos separados em cordas, grupos, cenas. E havia a moviola, onde você prendia um lado com rolo bruto e o outro lado com o rolo do que seria a narrativa do filme. Corta e cola com durex, tira as bolhas de ar que poderiam ficar presas ali. Depois, se quisesse mudar um ou dois segundos, tinha que cortar e colar novamente. Com cuidado para não perder frames ou o negativo inteiro, arranhando-o por qualquer má utilização.

Hoje em dia, o computador ajuda — e muito — no processo braçal, artesanal e arriscado de outrora. Todavia, colocar um frame depois do outro, retirar um pedacinho ali e colocar outro pedacinho de cena acolá, ver e rever e não saber se está fazendo sentido continuam a fazer parte do trabalho. Supermaratona.

Edita-se por dez, doze horas por dia, em média, na pós-produção de um filme. A editora do filme *Kardec*, Marilia Moraes, viveu um período *sui generis* durante a gestação do longa-metragem na ilha de edição. E com outra gestação, a do Inácio, dentro da barriga dela.

Começou podendo tranquilamente debruçar-se sobre a mesa e, no final, já quase não alcançava o mouse. Inácio também "colaborou" chutando sua barriga de vez em quando — e docemente brincamos achando que ele estava sinalizando se a sequência estava boa ou não.

Fato é que se juntam todas as cenas que foram filmadas a partir do roteiro e, pronto, não temos um filme. Temos inicialmente uma tentativa de narrar a história. Começa-se, portanto, um minucioso trabalho de confecção de cada cena como se fosse o tijolo de uma casa. Mas não é um tijolo qualquer, igual ao outro. É um tijolo com início, meio e fim, um tijolo com vida própria, com música própria, por vezes. Um tijolo que pode representar toda a casa.

Uma cena pronta ao lado de outra cena pronta ao lado de outra cena pronta e aí vemos as sequências, os atos dramáticos, os desenvolvimentos dos personagens. Praticamente é possível afirmar que se reescreve o filme na ilha de edição. É lá que finalmente, aos poucos, aquilo que se concebeu no papel do roteiro e passou pela concepção do diretor, elenco e toda a equipe do filme, sendo registrado em imagens, finalmente ganha vida, sentido narrativo e poderá ser visto.

Tem gente que usa músicas temporárias para "sentir" o clima de cada cena. Tem gente que não usa música e deixa as cenas "falarem por si". Tem gente que testa efeitos visuais, truques narrativos, ritmos diferentes para cada momento. Como uma grande sinfonia inacabada. Enquanto isso, todo mundo que participou do filme pergunta "como está?", "ficando bom?", "deu tudo certo?". A hora da verdade está ali.

Até que se chega ao primeiro corte. Algo que se considera viável para começarmos um novo trabalho — lapidação. Por vezes, muda-se tudo. O início vai pro meio, que vem pro início e mistura com o fim. Aquela cena linda parece ser repetitiva e atrasar o andamento da história. Hora da tesoura virtual.

Dói cortar cenas que consideramos lindas, mas não ajudam a contar a história — dentro do que se concebeu como história, dentro de leis variáveis de narração. É uma decisão diretorial quase sempre — tomada pelos responsáveis finais do filme. Ou o responsável. Pra sempre.

Até que chega o momento em que podemos colocar as músicas que vão fazer parte do filme. A trilha sonora de *Kardec* tem trechos clássicos — Mozart, nosso padrinho, e Chopin, amigo do nosso padrinho —, além de temas conhecidos e de trechos originais, compostos pelo músico e maestro Trevor Gureckis. Eu já conhecia o Trevor desde o trabalho da trilha do filme *Nosso Lar*. Ele foi maestro assistente do Philip Glass por anos. Um jovem com talento admirável.

Ali estão, na tela do computador, todos os instrumentos que ele gravou para compor aquele lindo pedaço de pouco mais de quinze minutos de música. Podemos, então, começar a editá-la de acordo com as necessidades da história. "Neste trecho, usaremos apenas os violinos e os baixos. Naquele, somente o piano e o violino. Ali, usamos a música inteira", e assim vamos contando a história também musicalmente.

A maratona está começando a esquentar. A maioria dos filmes atualmente têm cenas com inserção de alguma imagem criada digitalmente. Os famosos efeitos especiais — que, na verdade, são efeitos visuais. Ou CGI, *computer-generated imagery*. Ou VFX, *visual effects*.

Tanto faz, contanto que nos ajudem a criar a atmosfera, um momento, uma imagem, algo que seja impossível, inviável ou incapaz de ser filmado com uma câmera.

Como Paris do século XIX, por exemplo. Uma cidade antes da reforma urbanística, cheia de prédios envelhecidos, poucas áreas arborizadas, ruas de pedras com esgotos. Ou como, por exemplo, uma visão dos céus num dos momentos mais intrigantes da história do protagonista (sem spoilers).

Conforme a edição das imagens corre na ilha de edição, outras ilhas com supercomputadores começam a conceituar e desenvolver as imagens que vão ajudar a contar a história. Aos poucos, elas também vão sendo inseridas na "tripa" de imagens do computador e o filme vai ganhando vida.

O supervisor de efeitos especiais do filme, Claudio Peralta, acompanhou as filmagens com sua equipe em todos os momentos importantes, principalmente em Paris, para estar junto e "contando a mesma história".

Imagens, música, efeitos, tudo vai sendo inserido para correr junto. Uma vez que chegamos ao "corte final", aquele que consideramos a última versão do filme que vai para as telas de cinema, viramos uma curva e começamos outra fase. Vamos ajustar o colorido do filme — que sempre pode melhorar a partir do que foi filmado, com o Sergio Pasqualino, em São Paulo.

É ali que os azuis ficam mais azuis — ou não. Os contrastes, as relações de quente e frio da imagem, e todas as demais cores e matizes da imagem serão trabalhadas cena a cena, por um profissional especialista que mexe em programas específicos em sua própria ilha.

Paralelamente, também vamos começar a editar os diálogos e ajustar as músicas do filme. Como imagem e som são filmados e gravados separadamente — e aí está o motivo da famosa claquete —, é necessário tratar todos os diálogos com cuidados únicos. Aquela cena que foi feita com o grilo que não "calou a boca", com o "cachorro da vizinha", com a buzina do carro (buzina de carro em 1855 não pode!), tudo isso e muitos outros detalhes serão consertados, lapidados e ajustados para que os diálogos sejam audíveis, limpos e perfeitos tecnicamente.

Alguns "milagres" são feitos ali também — trocando palavras, vogais, sem prejuízo do resultado. Na sala do lado, outra ilha vai fazer também com que música, som ambiente, diálogos e efeitos especiais sonoros (a carroça, o barulho da janela, os passos, o brinde etc.) sejam mixados de forma harmônica. Outro trabalho de "formiga" quase artesanal, ajudado pela máquina, mas sem o qual o olhar artístico e o esforço "maratonístico" não seriam possíveis. Crédito para Rodrigo Noronha e Gustavo Loureiro, além do Tomás Alem e do Bernardo Uzeda.

Pois bem, meses depois dessa intensa parte, junta-se som e imagem e, *voilà*, temos um filme. Que, claro, ainda vai pedir um ou outro ajuste, aquele momentinho ali que pode ficar melhor, até que alguém diz "chega". E, pronto, a maratona da pós-produção chega ao fim. Hora de ver o filme? Não. Hora de pensar toda a parte de marketing, de trailer, de produtos comerciais que vão ajudá-lo. Outra maratona começa. Talvez a última, até o filme chegar ao seu destino final, para o qual ele nasceu — você.

A gente vê o filme umas quatrocentas vezes até ficar pronto. Quem nos acompanha nesse processo são a finalizadora e o coordenador de pós-produção — gente que sabe tudo sobre o projeto, onde está qual cena, qual efeito está faltando, se o som pode ser usado etc. etc. etc.

A Carolina Costa e o Thiago Lima se tornam, então, os guardiães e protetores do filme. E foi muito bonito ver suas reações de felicidade toda vez que tínhamos que ver junto com outras pessoas.

A gente mostra para algumas pessoas, faz teste de plateia, fica inseguro, fica seguro. Acorda de madrugada para mudar aquele momento, vai dormir sem saber se aquela música está no lugar certo.

Aos poucos, no entanto, o filme vai se desprendendo, ganhando vida própria realmente. Aos poucos, também, a confiança vai chegando. E, de repente, a gente termina. E entrega. Não por acaso, hoje, quando terminamos de escrever este livro de bastidores, o filme acaba de ficar pronto. Eu o vi pela última vez sozinho na sala de mixagem. Eu e o filme, uma relação que tem hora pra acabar. De agora em diante, é o filme e o público. Não é comparável à paternidade, como poderiam dizer alguns. Mas é um sentimento de dever cumprido dentro de todas as adversidades. Um sentimento de chegar ao final para dar início a um novo começo.

Daqui a pouco, o filme chega às salas de cinema. E, no dia da estreia, só dá vontade de olhar para o público, porque você docemente "não aguenta mais" olhar a tela e ver todos os takes, imagens, diálogos decorados e redecorados em sua mente. Quer mesmo é ver as reações. O final da comunicação entre a história que se quis contar.

Aquele singelo e mágico prazer de ir à sala de cinema e se deixar levar pela história não faz parte da trajetória de quem faz cinema. É um ônus. Mas há bônus imensuráveis, incontáveis. Momentos mágicos, como a lágrima do espectador, o sorriso honesto. E a certeza de que fizemos o melhor que podíamos quando os créditos finais estão subindo e o público está indo embora para casa depois de ter passado pela experiência de ver uma história inesquecível.

A caravana

Prezados companheiros e companheiras, nossa saudação cordial e respeitosa deseja encontrar-lhes em paz e envolvidos por bênçãos divinas no decorrer desta jornada de trabalho empreendida ao redor da história do insigne codificador, Kardec.

Expressamos, todavia, o nosso respeito aos que por ora não quiserem aceitar as origens desta despretensiosa mensagem — que fiquem apenas com o seu conteúdo. A dignidade que o trabalho confere aos que o realizam com consciência plena de gratidão e amor é algo que eleva e instrui o homem em sua jornada na Terra.

Todos os dias, a grande maioria dos seres humanos em todas as esferas da vida recomeça suas caminhadas eternas de evolução com obras e objetivos tão diversos quanto diversos são os seres. Muitos se eximem por algum tempo em dramas pessoais, mas não deixam de ser levados pela força dos fatos e da natureza da vida. É preciso caminhar.

É importante ressaltar que qualquer trabalho em nome do bem e pelo bem é sempre feito em absoluta intercessão de interesses entre nós e vós. Não importa em qual lado da vida estejamos — seja no mais denso, materializado, de aprendizado constante, de provas e dores ainda, seja no etéreo, também de aprendizados constantes, provas e dores, mas forjado pela absoluta certeza da imortalidade e passos mais firmes e largos a caminho da força suprema que nos rege a todos.

É chegado o tempo em que precisamos falar da imortalidade, irmãos. Não com as letras dos dogmas, mas pelas vias da consciência e do entendimento. É chegado o tempo em que precisamos — nós e vós — conduzir-nos a todos pelo entendimento de que, a despeito de diferenças de toda sorte, somos feitos à imagem e semelhança do mesmo Deus — de inteligência suprema e causa primária de todas as coisas, sim, mas também de amor e perdão, de compreensão, harmonia e paz entre todos, sendo assim a forma verbal de se explicar para os entendimentos desta porção de Deus chamada ser humano no estágio em que se encontra.

Este trabalho que se encerra em suas atividades mais intensas, por assim entendermos, continua doravante. Não apenas pela narrativa audiovisual e confecção de um pequeno e simbólico excerto da vida de um homem que entendeu os conceitos da Verdade e trabalhou para que esta Verdade pudesse viver e reviver em todos. Continua o trabalho além do ensejado filme pela força dos tempos em que vivemos, pela premência da necessidade de se avivar nos homens mergulhados no escafandro da matéria densa, nas trevas da ignorância e da maldade e enovelados pelas teias do ego dissolvido em primarismo.

Sim, somos imortais, irmãos, além de quaisquer conceitos religiosos ou sociais, políticos ou individuais. Sim, iremos e voltaremos ao planeta que nos serve de escola — por algumas vezes dolorida, como mencionamos, mas sempre que possível elevadora de nossos padrões. Até que nós e o planeta elevaremos os graus de densidade e alcançaremos voos maiores em direção ao desconhecido triunfo das almas e espíritos de escol.

A doce e quase imprevista missiva de agora, no entanto, expressa a todos eterna gratidão pelo esforço realizado, pelo respeito com o tema em sua grande maioria. Por sabermos que muitos esperariam um comunicado de tal natureza, por vermos que muitos se interessam pela vida além da vida, por ouvirmos as preces de tantos que caminham nesta jornada, eis que se pode adereçar um pequeno momento de conluio entre nós e vós.

Uma pequena mensagem que quer, também, compartilhar e confirmar que, durante a jornada diuturna, nós também estivemos em trabalhos constantes. Como dissemos, toda e qualquer atividade que eleve o ser estará acompanhada do intercâmbio espiritual e não poderia ser diferente neste caso.

Estamos juntos para buscar lhes prover o melhor ambiente de atuação dentro de todas as possibilidades de vossos afazeres, não vos isentando de vossas responsabilidades, mas para também compartilhar e oferecer melhores condições de existência a todos os espíritos que estavam ao redor de vocês, muitas vezes com intenções menos nobres, outras em lindos reencontros filiais notáveis e emocionantes, ou ainda inadvertidamente "invadidos" em suas realidades temporárias pela "trupe do cinema".

Aos que se viram diante de nossa caravana do amor e da verdade, sem exceção, foram oferecidos atendimento, cuidados especiais, convites para mudança de locais, resgates, ouvidos, abraços e atenções atentas às suas dores, tudo com muito carinho e possibilidade de seguirem adiante. Ninguém passa incólume quando se defende a verdade divina.

A vós, também buscamos um contato maior e oferecemos pensamentos e sentimentos que lhes reforcem a caminhada, lhes acariciem as almas sofridas e angustiadas, lhes abra o conhecimento da mente que anseia por relembrar vossas condições pessoais, familiares e sociais na Terra. É sempre tempo de ouvir o sopro de Deus em vossos ouvidos, irmãos.

Eis que aqui estamos, a celebrar o que se transformou numa verdadeira caravana em nome da Verdade e do amor divino, formada aos milhares para além das terras brasileiras em conexão com as terras onde o codificador habitou, desde as margens do milenar rio Sena, e também a expressar gratidão a ele, o professor de nós todos, que nos abriu estradas pelas quais hoje passam milhões e milhões de seres libertos através do conhecimento e do amor com sua missão que continua a ser cumprida.

Para vossas caminhadas pela estrada do tempo, queridos trabalhadores, fica a oração simples que foi proferida e oferecida como base — que sempre saúdem o dom da vida e do trabalho, que sempre o façam com honestidade e dignidade, e que sempre espalhem ao redor de vocês a verdade inaudita que surge quando compreendem que somos imortais, somos irmãos, somos seres vivenciando experiências divinas.

Permitindo-nos expressar nossa gratidão também às falanges de trabalhadores em torno do amor de São Luís, ou apenas Luís, de Joana

D'Arc, ou apenas Joana, assim como de Ismael e Bezerra, Chico e Emmanuel, Eurípedes e Luiz Gonzaga, dos irmãos de Nosso Lar e outras cidades astrais comprometidas na obra redentora, assim como todos os que foram se juntando ao longo dos dias nesta caravana que corre com o trabalho de vocês, mas que em breve correrá o país e assim o fará intensamente até que — e depois também — o filme seja exibido.

Quando Jesus inicia suas prédicas com "Em verdade vos digo", ele justamente coloca sob o seu manto a Verdade do espírito imortal e divino, das vidas sucessivas, do homem que ainda se arrasta sob o solo da Terra, mas que ama como as luzes feéricas que transgridem o espaço. E assim seja sempre, em nome desta Verdade e deste amor, em gratidão a este espírito de perfeição que se chamou Jesus e, decerto, em nome deste que nasceu Léon para virar Kardec.

Guardem a história do codificador no íntimo de suas almas, irmãos queridos com quem convivemos, mas principalmente guardem os ensinamentos que por ele foram expressos como guias diários de suas vidas. Cedo ou tarde, todos nos reencontraremos no mundo espiritual para celebrar nossas conquistas. E voltaremos ao mundo para continuar nosso trabalho. Como o sol que renasce todos os dias, recomeçaremos todos os dias. Até que, um dia, sejamos somente sol.

Kardec, de joelhos, lhes jorra o mais sublime sentimento, é possível lhes dizer. Kardec, de coração espiritual espocando luzes, une países em torno do conhecimento, revoga sentenças em nome do amor e, em silêncio, com olhar compassivo e sério, mas um sorriso escondido no canto de seu rosto espiritual, não nos deixa dúvidas — o missionário está feliz por continuar trabalhando pela sua missão. Por ver que a Verdade sobrevive. E sobreviverá sempre. Acima das guerras entre países e povos, acima das vicissitudes humanas. A verdade vive. E nós acrescentamos, em uníssono, um pedido sonoro que chegará aos pés de Jesus e todos os anjos que ao seu turno estão: Kardec vive!

Amigos da Caravana em nome da Verdade e do Amor
(Mensagem enviada por psicografia)
Rio de Janeiro, 25 de junho de 2018

Divulgação / Conspiração

Hippolyte Léon Denizard Rivail. Allan Kardec. Personagem interpretado por Leonardo Medeiros.

Divulgação / Conspiração

Uma das primeiras imagens idealizadas pelo diretor Wagner de Assis: Kardec (Leonardo Medeiros) cercado por cartas.

Divulgação / Conspiração

As mesas girantes abalaram os Estados Unidos e a Europa em meados do século XIX.

Divulgação / Conspiração

Primeira sessão de mesa girante testemunhada pelo professor: o início de uma nova vida depois dos 50 anos.

Divulgação / Conspiração

As mesas giravam... nos salões e nas mãos de ilusionistas. Participação do ator Gabriel Louchard.

Divulgação / Conspiração

Madame Plainemaison (Guida Vianna) e seu "cesto escrevente": um dos instrumentos de comunicação com os espíritos.

Divulgação / Conspiração

Professor, educador, autor de obras pedagógicas, um homem de ciências, discípulo de Pestalozzi. Este é Rivail, interpretado por Leonardo Medeiros.

Divulgação / Conspiração

Rivail (Leonardo Medeiros) contou com a ajuda de diversos médiuns para suas pesquisas. Aqui, ele está com a família Baudin: a sra. e o sr. Baudin, além de Julie e Caroline – personagens de Lola Borges, Charles Fricks, Letícia Braga e Júlia Svacinna.

Divulgação / Conspiração

Pronto para a guerra, professor? Não. Talvez Allan Kardec esteja. Talvez...

"O materialismo mata!", dizia Kardec. E brigou para demonstrar que a filosofia da doutrina estava de acordo com a moral cristã.

Divulgação / Conspiração

Divulgação / Conspiração

Em meio à luta, momentos de solidão e de reflexão.

Divulgação / Conspiração

Na caminhada, houve momentos de insegurança e dúvidas. Mas Kardec (Leonardo Medeiros) estava no rumo certo.

Divulgação / Conspiração

Momento em que o nome "Allan Kardec" é revelado ao professor Rivail durante sessão.

Divulgação / Conspiração

Um trabalho metódico, racional e de bom senso. Kardec (Leonardo Medeiros) em suas pesquisas sobre o mundo espiritual.

Divulgação / Conspiração

Sr. Dufaux (Dalton Vigh), Didier (Guilherme Piva) e Carlotti (Leonardo Franco) aguardam as decisões de Amélie (Sandra Corveloni) – a mulher que caminhou junto com Kardec.

Divulgação / Conspiração

O diálogo com o invisível, intermediado por médiuns, gerou a obra fundadora do espiritismo: *O livro dos espíritos*, em que o nome Allan Kardec é estampado pela primeira vez.

Divulgação / Conspiração

"Eis aqui *O livro dos espíritos*",
18 de abril de 1857.

Divulgação / Conspiração

A felicidade ao ver que "valeu a pena".
Kardec (Leonardo Medeiros) e *O livro dos espíritos.*

Paris, 1861. Rivail, dito Allan Kardec, por Leonardo Medeiros.

Um personagem misterioso, este homem vestido de general. Uma lição eterna para Kardec: a vida continua. Leonardo Medeiros e Christian Baltauss em cena na Ponte de La Tournelle, em Paris.

Divulgação / Conspiração

Paris, 1852. Rivail viveu numa cidade ainda sem o glamour dos dias atuais.

Vista da catedral de Notre-Dame, em Paris, 1852. Na pós-produção, o desafio de reconstituir uma cidade ainda em obras e à luz de velas e lampiões.

Divulgação / Conspiração

Paris em obras, 1855.

Divulgação / Conspiração

Divulgação / Conspiração

Os famosos telhados de Paris, 1857. Ao fundo, o local onde, anos depois, seria construída a famosa basílica de Sacré-Coeur.

Paris à noite, 1855.

Divulgação / Conspiração

Divulgação / Conspiração

Na ilha de edição, a mágica de acender os lampiões de uma Paris que não existe mais.

Divulgação / Conspiração

O padre e *O livro dos espíritos*: heresia.

Divulgação / Conspiração

O Auto de Fé de Barcelona marcou a história de Kardec para sempre. Os livros queimam, as ideias, não.

Divulgação / Conspiração

Carlotti (Leonardo Franco), Didier (Guilherme Piva), Caroline (Júlia Svacinna), sra. Baudin (Lola Borges), sr. Baudin (Charles Fricks) e Julie (Letícia Braga). Aliados do trabalho de Kardec.

Divulgação / Conspiração

À frente, Madame Plainemaison (Guida Vianna) e Ruth-Céline Japhet (Julia Konrad), duas médiuns decisivas nas pesquisas do professor Rivail.

Divulgação / Conspiração

Babinet (Licurgo Spínola), Chevreux (Xando Graça) e François (Lionel Fischer), cientistas que não aceitaram as hipóteses e pesquisas do amigo Rivail.

Divulgação / Conspiração

No quadro-negro, o professor Rivail resume o método científico adotado por ele para investigar as mensagens dos espíritos.

Divulgação / Conspiração

Em meio a uma crise, Ermance (Louise D'Tuani) surge para intermediar os diálogos do professor com o invisível, ao lado do pai, sr. Dufaux (Dalton Vigh), que viria a ser um grande aliado de Kardec.

Divulgação / Conspiração

Ruth-Céline Japhet (Julia Konrad): tensão após o lançamento de *O livro dos espíritos*.

Ermance Dufaux, por Louise D'Tuani.

Divulgação / Conspiração

Divulgação / Conspiração

As meninas Baudin em plena psicografia.

Divulgação / Conspiração

Tensão na escola: as meninas Baudin são perseguidas pelas colegas.

Divulgação / Conspiração

Ao lado de todo grande homem, há uma grande mulher. Rivail (Leonardo Medeiros) e Amélie (Sandra Corveloni), no Palais Royal.

Divulgação / Conspiração

Uma história de amor entre eles e pela Verdade. Amélie (Sandra Corveloni) e Kardec (Leonardo Medeiros), no Palais Royal.

Arquivo pessoal de Wagner de Assis

Pré-produção e filmagens. Hora de filmar.

Arquivo pessoal de Wagner de Assis

Primeira tomada das filmagens no Rio de Janeiro.

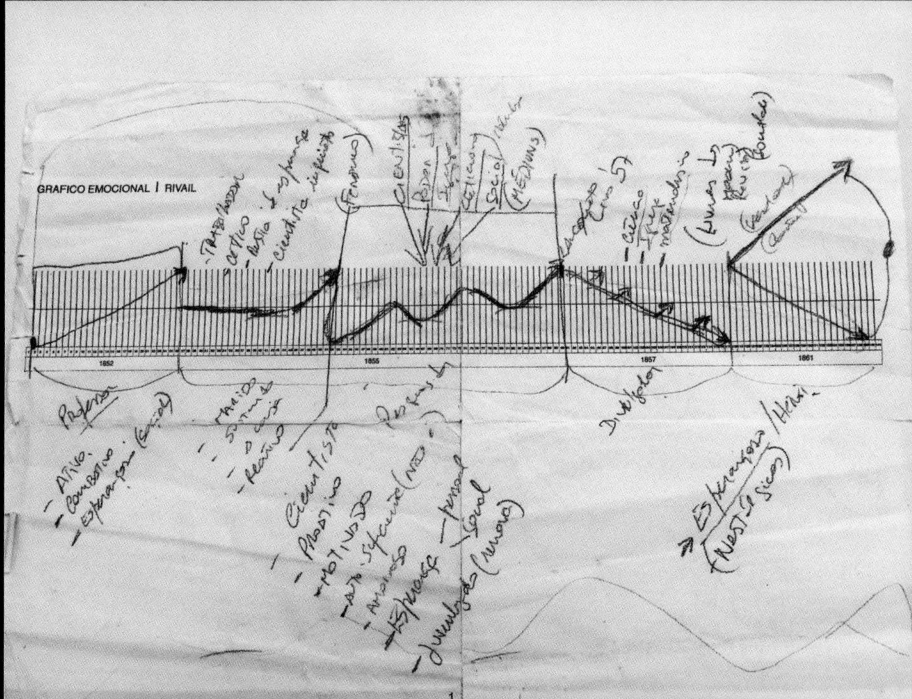

Arquivo pessoal de Wagner de Assis

Neste pedaço de papel, os altos e baixos emocionais do professor Rivail durante

Max Kastelyn / Conspiração

Kardec (Leonardo Medeiros) e o misterioso general (Christian Baltauss): tensão às margens do Sena.

Max Kastelyn / Conspiração

Um desafio quase impossível: parar o trânsito de Paris durante as filmagens de uma cena decisiva.

Dan Behr / Conspiração

Hora de repassar o texto antes de mais um confronto.

Dan Behr / Conspiração

Tudo pronto para a reconstituição de um marco do espiritismo: o Auto de Fé de Barcelona.

Divulgação / Conspiração

Surpresa nos bastidores: um exemplar de *O livro dos espíritos* resiste às chamas durante a reconstituição do Auto de Fé de Barcelona.

Wagner de Assis dirige a sequência da perseguição às médiuns.

Dan Behr / Conspiração

Dan Behr / Conspiração

Rivail, dito Allan Kardec, por Leonardo Medeiros.

O editor Pierre-Paul Didier, pelo ator Guilherme Piva.

Dan Behr / Conspiração

Max Kastelyn / Conspiração

Em Paris, com a égua Jolie: rara pausa em dia de alta tensão.

Max Kastelyn / Conspiração

O proprietário da égua Jolie assume o comando da charrete pelas ruas de Paris.

Arquivo pessoal de Wagner de Assis

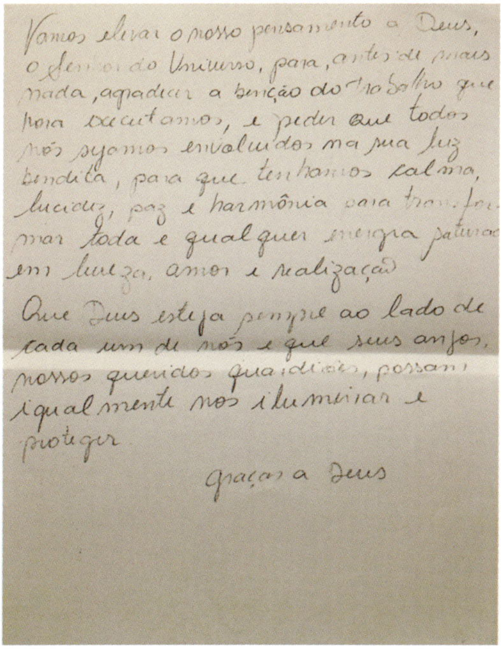

Vamos elevar o nosso pensamento a Deus, o Senhor do Universo, para, antes de mais nada, agradecer a benção do trabalho que hora executamos, e pedir que todos nós sejamos envolvidos na sua luz bendita, para que tenhamos calma, lucidez, paz e harmonia para transformar toda e qualquer energia saturada em leveza, amor e realização

Que Deus esteja sempre ao lado de cada um de nós e que seus anjos, nossos queridos guardiões, possam igualmente nos iluminar e proteger

graças a Deus

Mensagem encontrada na caixa de luz da casa que serviria de locação para a residência de Rivail e Amélie: texto lido, todos os dias, antes do início das filmagens, por um integrante da equipe.

Dan Behr / Conspiração

Revezamento na leitura da oração encontrada na caixa de luz: esse foi o dia de Lili Soárez ler a mensagem.

Max Kastelyn / Conspiração

Sobre a ponte em Paris – cenário de muitos suicídios –, a réplica do livro que salvaria muitas vidas.

Dan Behr / Conspiração

Wagner de Assis e o ator francês Christian Baltauss.

Dan Behr / Conspiração

Wagner de Assis conversa com dois atores.

Dan Behr / Conspiração

Franceses e brasileiros unidos para reconstituir a trajetória do francês mais famoso no Brasil.

Dan Behr / Conspiração

Wagner de Assis e Leonardo Medeiros: volta no tempo a uma Paris em obras, à luz de lampiões.

Max Kastelyn / Conspiração

Nos cenários percorridos por Kardec, a reconstituição de sua trajetória.

Dan Behr / Conspiração

Wagner de Assis, Paula Lima, Eloisa Winther, Eliana Soárez e Leonardo Monteiro de Barros: Conspiração e Sony Pictures unidas para levar a história de Kardec ao maior número de pessoas.

Dan Behr / Conspiração

Dan Behr / Conspiração

Marcel Souto Maior nos cenários da sala de aula do professor Rivail e da casa de uma das médiuns consultadas por ele.

Dan Behr / Conspiração

A assistente de direção Sofia Saadi bate a claquete na locação que serviu para a Academia de Ciências.

Dan Behr / Conspiração

Jaime Leibovitch, Genézio de Barros, Nonato Estrela, Wagner de Assis e Leonardo Medeiros se preparando para mais uma cena.

Dan Behr / Conspiração

O diretor, Wagner de Assis, em um dos cenários do filme.

Dan Behr / Conspiração

Wagner de Assis no set com as crianças.

Dan Behr / Conspiração

Wagner de Assis em uma das filmagens externas em Paris.

Dan Behr / Conspiração

Leonardo Medeiros e Wagner de Assis.

Max Kastelyn / Conspiração

Nonato Estrela, diretor de fotografia.

Max Kastelyn / Conspiração

Equipe filmando em Paris. O diretor de arte, Claudio Amaral Peixoto, ao lado de Wagner de Assis e Nonato Estrela.

Max Kastelyn / Conspiração

Kika Lopes e Anna Van Steen ajustam detalhes da caracterização de Kardec (Leonardo Medeiros) na ponte de Paris.

Max Kastelyn / Conspiração

Anna Van Steen faz o último acerto no chapéu de Amélie (Sandra Corveloni) antes de rodar em Paris.

Dan Behr / Conspiração

Leonardo Medeiros, Wagner de Assis, a assistente de direção Sofia Saadi e a figurinista Rosangela Nascimento.

Dan Behr / Conspiração

A equipe em filmagens no Rio de Janeiro. Em pé, Bruno Santos, Lili Soárez, Wagner de Assis, Pimenta Jr. e Sofia Saadi. Sentados, Breno Cunha e Nonato Estrela.

Max Kastelyn / Conspiração

Wagner de Assis e o diretor de fotografia, Nonato Estrela, preparam-se para as filmagens do plano final no Palais Royal.

Divulgação / Conspiração

Ao fundo, o ator. À frente, o personagem. Leonardo Medeiros assiste ao seu Kardec pela primeira vez.

Arquivo pessoal de Wagner de Assis

Hora de tratar do som na pós-produção.

Dan Behr / Conspiração

Equipe sempre unida: harmonia e muito foco do início ao fim dos quarenta dias de filmagens.

PARTE 2

De Rivail a Kardec: A saga de uma transformação

Marcel Souto Maior

A voz de Kardec

Eu ainda estava mergulhado na pesquisa para a biografia de Allan Kardec quando liguei para Wagner de Assis com um convite precipitado. Se o futuro livro um dia se tornasse filme, gostaria muito de contar com ele atrás das câmeras e à frente da equipe, com a coragem e competência que demonstrara ao levar para as telas de todo o Brasil, e de boa parte do mundo, o best-seller de Chico Xavier *Nosso Lar.*

Deu certo. A história de Allan Kardec — que não tinha este nome nem manifestava qualquer aptidão mediúnica, ao contrário do que muitos pensam — saiu das páginas da biografia e ganhou cor e movimento nos sets de filmagem pelas mãos de Wagner, o Destemido.

É assim que o chamo, de vez em quando, só para vê-lo abrir um sorriso tímido, baixar os olhos e mudar de assunto. Só mesmo com coragem para encarar o desafio de reconstituir no cinema a trajetória do codificador (ou fundador) do espiritismo, uma referência fundamental para milhões de brasileiros: o professor francês Hippolyte Léon Denizard Rivail.

Educador por formação, membro da Academia de Ciências na França cartesiana e racionalista do século XIX, Rivail assombrou seus pares ao mudar de vida e de nome, aos 53 anos, para dar voz aos *espíritos.* Como assim?

O que fez aquele mestre tão austero migrar da posição de cético para a missão de organizar e difundir mensagens atribuídas a "desencarnados"? Que evidências abalaram a descrença do defensor intransigente do método científico de pôr à prova, exaustivamente, todas as hipóteses antes de avalizar uma tese? O que transformou, enfim, o cético em missionário?

Foi esta a resposta que busquei enquanto pesquisava a vida do professor. Uma resposta que vai se construindo aos poucos no filme de Wagner de Assis, também autor do roteiro, com a colaboração de L.G. Bayão. A descrença dos primeiros tempos em relação a *espíritos*; a perplexidade ao testemunhar o fenômeno das mesas girantes; a decisão de abrir mão dos próprios preconceitos para se dedicar às pesquisas do invisível; a conversão (palavra que Wagner rejeita); o lançamento do então polêmico *O livro dos espíritos* (obra fundadora da doutrina); a luta para difundir a nova religião (ou ciência e filosofia, como muitos preferem) em um Ocidente dominado pela Igreja Católica; o desprezo dos ex-parceiros da Ciência. Estes marcos da metamorfose de Rivail em Kardec estão todos na tela.

Marcos que fui identificando, durante minhas pesquisas, com o apoio de uma fonte de pesquisas preciosa: o próprio Kardec... não em espírito, mas através das páginas da *Revista Espírita*, lançada e escrita pelo codificador, mês a mês, sem pausas, entre 1858 e 1869.

E são alguns trechos destes artigos — textos que revelam a voz de Kardec — que gostaria de compartilhar com vocês aqui neste livro. Mensagens para fazer pensar e também para ampliar ao máximo a experiência de percorrer este território movediço onde "vivos" e "mortos" se encontram, investigado pelo professor Rivail e divulgado por Allan Kardec, sem descanso, até o dia de sua morte.

Morte?! Não de acordo com o ponto de vista dele e de milhões de pessoas que não têm qualquer dúvida em relação à frase inscrita no mausoléu do mestre, no cemitério de Père-Lachaise, em Paris:

"Nascer, morrer, renascer ainda, progredir sem cessar. Tal é a lei."

A força das palavras

Para reconstituir a metamorfose do professor Rivail em Allan Kardec, segui as pistas de seu discurso. Ele mesmo deixou registradas nas páginas da *Revista Espírita* e de suas principais obras as mudanças na sua forma de encarar o invisível.

Na minha primeira reunião com o elenco e equipe técnica do filme — grupo de craques reunidos por Wagner e pelos sócios e produtores executivos da Conspiração, Eliana Soárez e Leo Monteiro de Barros —, fiz questão de compartilhar algumas declarações fundamentais do professor.

Declarações que aparecem, uma a uma, com as devidas adaptações, na tela do cinema:

1. Sua primeira reação ao fenômeno das mesas girantes, que, segundo testemunhas, ditariam, ao som de pancadas, em sessões privadas cada vez mais concorridas, mensagens do além. Uma pancada, letra A; duas pancadas, letra B; e assim sucessivamente. *"Acreditarei quando me provarem que uma mesa tem cérebro para pensar, nervos para sentir e que possa se tornar sonâmbula."*
2. Sua resposta aos defensores da tese de que as mesas seriam instrumentos utilizados por "inteligências invisíveis" — ou espíritos — para transmitir as mensagens do além: *"Aquele que estudar as ciências rirá da credulidade supersticiosa dos ignorantes. Ele não*

mais crerá em almas do outro mundo e em fantasmas. Não mais tomará fogos-fátuos por espíritos."

3. Suas impressões depois de participar da primeira sessão de mesas girantes, ao lado da companheira de toda vida, Amélie-Gabrielle Boudet: "*É preciso ver com os próprios olhos, sentir com os próprios dedos e rejeitar tudo o que seja meramente provável.*"
4. Ao decidir mergulhar nos estudos do invisível, através de uma rede de médiuns, e não só de mesas girantes: "*Eu entrevia naquelas aparentes futilidades, no passatempo que faziam daqueles fenômenos, qualquer coisa de sério, como a revelação de uma nova lei, que tomei a mim estudar a fundo.*"
5. Com as investigações em marcha, um lema que nortearia suas pesquisas e, em seguida, a fiscalização da atuação dos médiuns: "*É preferível descartar dez verdades do que aceitar uma mentira.*"
6. Sob ataque da imprensa, da ciência e da Igreja Católica — que menosprezavam a existência de espíritos e a hipótese da reencarnação —, um desabafo baseado no testemunho de milhares de leitores, que encontraram, no espiritismo, novos sentidos para suas vidas. "*Vocês [os adversários] estão rindo de quê? Não estão vendo? O materialismo mata.*"

Pelas cartas enviadas de todo canto, eram muitos os relatos de quem desistira do suicídio ao ler *O livro dos espíritos*.

Superstição e loucura?

Em 1861, quatro anos depois do lançamento de *O livro dos espíritos*, Kardec não poupa tinta nem ironia para responder aos ataques da imprensa e da Igreja Católica, em longo artigo publicado na *Revista Espírita*.

Sob o título "*La Bibliographie Catholique* contra o espiritismo", o professor resume acusações feitas pelo redator do periódico católico *La Bibliographie Catholique*, Georges Gandy, contra o espiritismo — definido por ele como uma seita —, e rebate, um a um, os principais "insultos".

Um dos ataques:

> *Que quer o espiritismo? É uma importação americana, inicialmente protestante, e que já havia triunfado — permitam-nos que o digamos — em todos os territórios da idolatria e da heresia [...]. Seria, pois, das terras clássicas da superstição e da loucura religiosa que viriam a verdade e a sabedoria!*

Munido das muitas e muitas cartas enviadas à redação da *Revista Espírita* — e também amparado por testemunhos de inúmeros leitores —, Kardec não se intimida.

"Importação americana, de origem protestante, baseada na superstição e na loucura?", ele pergunta. E reage com outra interrogação:

> *Que respondereis ao fato, hoje constatado, de haver mais espíritas católicos do que espíritas protestantes?*

Para o mestre, a adesão crescente ao espiritismo tem, entre suas principais causas, a desilusão com o Deus propagado pela religião oficial da França.

> *O número das pessoas que em nada creem, que de tudo duvidam — do futuro, do próprio Deus — é considerável e cresce em proporção alarmante.*
>
> *Será por vossas violências, vossos anátemas, vossas ameaças com o Inferno, vossas declarações furibundas que as conduzireis à tamanha falta de fé?*

O próprio Kardec dá a resposta ao redator da revista católica. Uma resposta arriscada que — unida a outras declarações e atitudes — o colocaria em perigo no reinado de Napoleão III, aliado da todo-poderosa Igreja Católica.

> *Ora, quando estas pessoas escutam os que pretendem falar em nome de Deus e despejam ameaças e injúrias, elas se põem a duvidar do Cristo de Deus, de tudo.*

E onde, então, estas pessoas descrentes — e até aterrorizadas — buscariam refúgio, segundo o principal divulgador da nova doutrina?

> *[...] desde que lhes pesa a dúvida e sentem necessidade de consolações, atiram-se aos braços do espiritismo, de vez que a gente prefere aquilo que sorri às coisas que apavoram.*

De ataque em ataque, defesa em defesa, Allan Kardec foi levando sua doutrina cada vez mais longe... E foi atiçando também, contra ele, a fúria de padres, bispos e cardeais.

A pauta: espiritismo

Nas páginas da *Revista Espírita*, Kardec também responde aos jornalistas e céticos em geral, que faziam questão de zombar da nova doutrina. Para ele, o interesse pelo tema manifestava-se nas redações apenas quando faltava assunto e sempre de forma desrespeitosa e irresponsável.

> *Nada me vem à mente neste quarto de hora, e a crônica escandalosa desta semana ainda está em branco. Ah! Uma ideia! Achei o meu assunto! Vi algures o título de um livro que fala de Espíritos; e há em toda parte gente bastante tola para levar isto a sério.*

Kardec "incorpora" o jornalista e segue adiante.

> *Que são os Espíritos? Eu mesmo não sei; não faço a menor ideia. Mas não importa. Para começar, eu não acredito absolutamente nisto, porque jamais os vi e, mesmo que os visse, também não acreditaria, porque isso é impossível. Mas falemos dos Espíritos, já que eles estão na ordem do dia.*

Como então entrar em tema tão suspeito? Kardec continua na pele do cronista.

O tema é muito simples: "Não há Espíritos; não pode nem deve havê-los. Portanto, todos os que neles acreditam são loucos."

O texto de Kardec só muda de tom quando ele passa a dar voz a uma figura com a qual também depara ao longo de suas batalhas contra a descrença e a zombaria: a do "homem sério".

> *[...] um homem sério que diz: "Não se deve brincar com essas coisas; isto é mais sério do que se pensa; não acrediteis que se trate de moda passageira; essa crença é uma tendência inerente à Humanidade, que em todas as épocas acreditou no maravilhoso, no sobrenatural, no fantástico."*

Escrito com ironia nos primeiros parágrafos, o artigo publicado em 1861 encerra-se com uma declaração de fé:

> *As zombarias não são argumentos. Falemos em nome da Ciência. Demonstremos que, em todos os tempos, os homens foram uns estúpidos por acreditarem que houvesse um poder que lhes era superior [...]; provemos que tudo quanto atribuem às forças sobrenaturais se explica por simples leis da Fisiologia; que a sobrevivência da alma e o seu poder de comunicação com os vivos é uma quimera e que é uma loucura acreditar no futuro.*
>
> *Se, depois de haver digerido quatro volumes de boas razões, não se convencerem, só nos restará lamentar a sorte da Humanidade que, em vez de progredir, recua a passos largos para a barbárie da Idade Média.*

Kardec no Rio

Domingo, 10 de junho de 2018. Manhã ensolarada no Rio de Janeiro. A caminho do set de filmagens, não consigo conter a ansiedade. Este é um dia especial. Dia de testemunhar, ao vivo, o principal marco da história do espiritismo: o evento de lançamento de *O livro dos espíritos*, primeira obra assinada por Allan Kardec.

Basta cruzar dois bairros para desembarcar na Paris do século XIX e voltar a 18 de abril de 1857. O cenário é este das fotos aqui reunidas, e a emoção é forte: a sensação estranha de voltar no tempo, rumo a cenários só vistos em fotos de referência, e de vivenciar situações documentadas em livros e jornais da época.

Uma emoção só superada quando o anfitrião do evento adentra o salão suntuoso, caminha em minha direção e me cumprimenta com um aperto de mão forte e formal: é ele, Allan Kardec, postura ereta, olhos penetrantes, na pele do agora irreconhecível Leonardo Medeiros. Reencarnado.

Neste dia, entrei no set e não tive mais vontade de sair. Ao redor da mesa, taças à mão, uma hora depois, Kardec já estaria ao lado de sua companheira Amélie-Gabrielle Boudet — lindamente representada por Sandra Corveloni —, cercado por médiuns, aliados e futuros dissidentes.

Na época, nem Kardec nem ninguém naquele salão tinha a menor ideia do que estava por vir. Em dois meses, a primeira tiragem do livro "ditado por espíritos" como João Evangelista (um dos doze apóstolos de Cristo) — santa heresia — estaria esgotada. Em pouco tempo, milhares de leitores passariam a compartilhar a fé na mensagem fundamental vinda do "além": a de que a morte não seria o fim, mas um recomeço, e de que seríamos todos espíritos eternos em constante evolução.

O livro dos espíritos deflagrou um fenômeno impulsionado por polêmicas e paixões. Oito anos depois do lançamento da obra fundadora do espiritismo, Kardec descreveu, em artigo na *Revista Espírita*, um dos capítulos da queda de braço entre os adeptos da nova doutrina e jornalistas contrários à tese da imortalidade da alma e da sobrevivência do espírito.

Sob o título "Modo de protesto de um espírita — contra os ataques de certos jornais", Kardec registrou a atitude de alguns de seus leitores — a de cancelar as assinaturas de jornais contrários ao espiritismo —, e fez um balanço do alcance da nova religião, filosofia e/ou ciência.

> *Seu número [o número de espíritas] cresce diariamente. O fato é constatado por nossos adversários, que reconhecem com pavor que esta crença invade todas as camadas da sociedade, de alto a baixo. É, pois, uma opinião com a qual há que se contar hoje, e que não é circunscrita a uma classe, nem a uma casta ou seita, nem a uma nação ou partido político. Tem representantes em toda parte, nas letras, nas artes, nas ciências, na medicina, na magistratura, no fórum, no exército, no comércio.*

Um Kardec em pleno combate deu sequência ao texto, com um alerta: os donos de jornais que se cuidassem, e que respeitassem a crença alheia, para evitar prejuízos.

> *Na França, o número dos Espíritas ultrapassa seguramente de muito o dos assinantes de todos os jornais de Paris. [...] E não é nada agradável dar seu dinheiro para ser ridicularizado e injuriado.*

Tudo começou ali, com o lançamento do então (e ainda) polêmico *O livro dos espíritos*. Livro que faria companhia a outros títulos assinados por Allan Kardec nas fogueiras da Inquisição.

“Os restos da Idade Média”

Com este título, o professor Rivail batizou seu artigo sobre o “Auto de Fé de Barcelona”, outro marco na história do espiritismo reconstituído no filme *Kardec*. Em 9 de outubro de 1861, por ordem do bispo de Barcelona, na Espanha, “trezentos volumes e brochuras sobre o espiritismo” foram confiscados pela Igreja Católica e incinerados em praça pública.

Rivail ficou inconformado com a apreensão de títulos franceses por autoridades espanholas e revoltado com o silêncio da imprensa de seu país.

Foi pelas páginas da *Revista Espírita* — e não dos jornais leigos — que o leitor soube deste capítulo tardio da Inquisição e dos bastidores de uma negociação que envolveu o pedido de devolução das obras (sob o argumento de que a soberania francesa estaria sendo desrespeitada) e a recusa do bispado espanhol, justificada nos seguintes termos:

> *A Igreja Católica é universal; e, sendo estes livros contrários à fé católica, o governo não pode consentir que eles pervertam a moral e a religião de outros países.*

Em seu artigo, o Kardec inconformado dos parágrafos iniciais deu lugar a um Kardec pragmático e estratégico.

> *Examinamos o caso, do ponto de vista de suas consequências, e não há dúvidas de que nada poderia ser mais favorável ao espiritismo.*
>
> *A perseguição sempre foi proveitosa à ideia que se quer proscrever. Por ela, se exalta a sua importância, chama-se a atenção dos que a ignoravam e que passam, então, a conhecê-la.*
>
> *Graças a esse zelo imprudente, todo mundo na Espanha vai ouvir falar do espiritismo e quererá saber o que é ele. Eis tudo quanto desejamos.*

Dito e feito. Profecia realizada. E sem a intervenção de médiuns.

"Fraudes espíritas"

Este tema também deu trabalho ao professor Rivail, já em 1859. Sob o título acima, ele reconheceu, em artigo na *Revista Espírita*, a atuação de "charlatães" — interessados em lucrar com supostos fenômenos de cura ou de intercâmbio com o além — e lançou um alerta aos adeptos da doutrina: o de que ficassem sempre atentos aos riscos de manipulação.

O primeiro sinal de má-fé — ainda bastante atual — seria fácil de identificar:

> *A fraude tem sempre um objetivo, um interesse material qualquer; e onde nada se pode ganhar, não existe nenhum interesse em enganar. Assim, a melhor de todas as garantias quanto à idoneidade do médium é seu desinteresse absoluto.*

Em seu texto, o professor alerta também para o risco de mistificação nos processos de intercâmbio com o além (muitos deles encenados no filme *Kardec*):

> *A fraude insinua-se por toda parte; sabemos com que habilidade é possível dirigir a cesta e a prancheta em que escrevem, ou amiúde lhes dar a aparência de movimentos espontâneos.*

Então, como dar credibilidade a mensagens supostamente psicografadas? Além de checar e rechecar respostas a uma mesma pergunta, transmitidas através dos mais diversos médiuns (de diferentes idades e classes sociais) — método de pesquisa reconstituído no filme de Wagner de Assis —, o professor seguia a seguinte receita básica:

> *O que elimina todas as dúvidas é o conteúdo dos pensamentos expressos, quer eles venham do médium mecânico, intuitivo, auditivo, falante ou vidente. Há comunicações que de tal modo exorbitam das ideias, dos conhecimentos e mesmo do alcance intelectual do médium, que seria impossível atribuí-las a ele próprio.*
>
> *Reconhecemos no charlatanismo uma grande habilidade e enormes recursos, mas ainda não lhe reconhecemos o dom de dar saber a um ignorante ou talento a quem não o tenha.*

E se o suposto médium estudasse — em segredo — temas sobre os quais iria escrever mais tarde e não fosse tão ignorante quanto aparentava? E se as informações chegassem a ele por telepatia ou outros canais mais concretos (como cúmplices)? E se...?

Kardec foi lidando com interrogações e desconfianças como estas ao longo da vida, e morreu convicto de que "morrer" não é o verbo mais adequado para definir o último ato de quem chega ao fim desta jornada.

Superstições diabólicas

Os embates com lideranças de outras correntes religiosas, na Europa do século XIX, marcaram a trajetória de Allan Kardec, desde o lançamento de *O livro dos espíritos*. Nas páginas da *Revista Espírita*, o principal divulgador e também fiscal da doutrina mantinha o público informado sobre esta "queda de braço" complexa e também arriscada para quem vivia sob a tutela de um Estado vinculado à Igreja.

Em 1862, Kardec compartilhou com os leitores uma história vinda de Bordeaux. Uma senhora muito idosa e muito doente — ex-católica praticante, recém-convertida ao espiritismo — recebera a seguinte carta do padre da cidade:

> *Lamento que ontem não tivesse podido alertá-la em particular sobre certas práticas religiosas contrárias ao ensino da Santa Igreja. Falou-se muito disto em vossa família. Eu me sentiria feliz, senhora, de saber que só tendes desprezo por estas superstições diabólicas e que estejais sinceramente ligada aos dogmas invariáveis da religião católica.*

A resposta à carta — que envolvia também uma ameaça velada de excomunhão — foi enviada ao padre pela filha da velha senhora.

> *Caro senhor, em minha casa não se faz nenhuma prática religiosa que possa inquietar os mais fervorosos católicos, a menos que o respeito*

e a fé pelos mortos, a fé na imortalidade da alma, uma confiança ilimitada no amor e na bondade de Deus, uma observância das santas doutrinas do Cristo, tão rígida quanto o permite a natureza humana, sejam práticas reprováveis pela santa Igreja Católica.

Esta história me lembrou de uma das situações que testemunhei no Grupo Espírita da Prece, o centro de Chico Xavier, em Uberaba. Na fila dos visitantes, uma senhora muito simpática se aproximou do principal discípulo de Kardec, acompanhada do marido tímido e silencioso, e iniciou um discurso ligeiro:

— Chico, meu marido é um homem maravilhoso: bom pai, bom filho, bom patrão, bom irmão, bom marido, mas tem um defeito grave: ele não é espírita!

Chico abriu um sorriso e foi em frente, com a voz mansa de sempre.

— Mas se ele é tão bom assim, não mexe não, deixa quieto. Não precisa ser espírita de jeito nenhum. O que importa é ser bom.

A tribuna de Kardec

A Sociedade Parisiense de Estudos Espíritas — fundada pelo professor Rivail em 1º de abril de 1858, três meses depois do lançamento da *Revista Espírita* — é um dos cenários do filme *Kardec*. Ali, médiuns, estudiosos da doutrina e visitantes vindos dos mais diversos países reuniam-se para debater o intercâmbio com o invisível, discutir os rumos do espiritismo e compartilhar mensagens atribuídas a espíritos.

A Sociedade foi palco de estudos e também arena de conflitos entre Kardec e seus pares, muitos deles incomodados com a projeção conquistada pelo professor Rivail e com o fato de ele receber dividendos pela venda de sua obra — dinheiro que, segundo ele, seria fundamental para sustentar o projeto de difusão das mensagens dos espíritos.

A tensão e a decepção com determinados aliados foi tão grande que o professor Rivail chegou a considerar a hipótese de encerrar as atividades de sua principal tribuna. Estava prestes a tomar esta decisão, quando recebeu uma carta, que decidiu compartilhar com os aliados no evento de "Abertura do Ano Social da Sociedade de Estudos Espíritas", em 1º de abril de 1862. Carta que também revelou aos leitores da *Revista Espírita*.

Uma mensagem do além:

A Sociedade formada por nós com o teu concurso é necessária; queremos que subsista e subsistirá, mau grado a má vontade de alguns, como tu o reconhecerás mais tarde.

Quando existe um mal, ele não se cura sem crise. Assim é do pequeno ao grande; no indivíduo, como nas sociedades; nas sociedades como nos povos; nos povos como o será na humanidade inteira.

Nossa Sociedade, dizemos, é necessária. Quando deixar de o ser sob a forma atual, transformar-se-á, como todas as coisas.

Quanto a ti, não podes, não deves retirar-te. Contudo não pretendemos acorrentar o teu livre-arbítrio: apenas dizemos que a tua retirada seria um erro que lamentarias um dia, porque entravaria os nossos desígnios.

Toda sexta-feira, até sua morte em 31 de março de 1869, Kardec manteria abertas as portas de sua Sociedade a associados e convidados. Ao atrair visitantes de todo o mundo — e, segundo os médiuns, das mais diversas dimensões —, a instituição serviria de modelo para a abertura de centros de estudo, pesquisa e convivência espíritas nos mais diversos países.

Hoje, no Brasil, já são mais de 15 mil os centros espíritas kardecistas, de acordo com estimativas não oficiais. Centros de estudo e de solidariedade, onde se luta para honrar o slogan "Fora da caridade não há salvação".

Perseguições

No filme *Kardec*, o clima de tensão aumenta à medida que o espiritismo vai conquistando adeptos e ganhando espaço pelo mundo afora. Com o tempo, o professor Rivail passa de alvo de ironias da imprensa e da academia a alvo de ataques concretos, liderados pelo Estado e pela Igreja. Seus aliados e seguidores também sofrem. E cada vez mais.

Em artigo publicado na *Revista Espírita*, em setembro de 1862, Kardec divulga denúncias e desabafos enviados a ele, pelo correio, por espíritas vítimas dos mais diversos ataques.

Título do artigo: "Perseguições".

> *Poderíamos citar as localidades onde criaturas que vivem de seu trabalho foram ameaçadas de verem cortados os seus recursos; outras onde os adeptos foram marcados pela humilhação pública, perseguidos pelos moleques de rua; outras onde expulsam das escolas as crianças cujos pais se ocupam do espiritismo; uma outra onde um pobre professor foi demitido e reduzido à miséria, porque tinha em casa* O livro dos espíritos.

Situações como estas estão agora nas telas do cinema.

Ilusionistas

Entre os adversários do espiritismo, estavam prestidigitadores e ilusionistas que levavam aos palcos da Europa fenômenos como mesas girantes e aparições fantasmagóricas. Um desses artistas, o Extraordinário Robin, lotava teatros com "manifestações do além", forjadas com o apoio de roldanas, cabos invisíveis, ímãs e alçapões.

Ao fim do espetáculo, sob aplausos da plateia, ele discursava: sua missão era combater, com estes experimentos, "a estranha crença de certas pessoas que imaginam que os espíritos movimentam mãos e fazem as mesas girar".

"Eis a religião do sr. Allan Kardec metida a pique. Como vai o espiritismo sair-se desta?" — estampou na primeira página o jornal *Indépendence Belge*.

A resposta de Kardec veio pelas páginas da *Revista Espírita* em julho de 1863:

> *Dizemos ao* Indépendence *que supor que o espiritismo repouse em aparições é prova de ignorância completa da base mesma do espiritismo.*

E sobrou para os fenômenos bíblicos.

> *Se toda aparição fosse oficialmente comprovada como invenção, a religião (católica) sofreria bem mais do que o espiritismo, pois as três quartas partes dos mais importantes milagres (bíblicos) não têm outro fundamento.*

Será que a imitação teria o poder de destruir o autêntico ou original, em que se baseia? Kardec perguntou e deu a resposta:

> *[...] os falsos diamantes nada tiram do valor dos brilhantes finos; as flores artificiais não impedem que haja flores naturais.*
>
> *Pretender que certos fenômenos não existam desde que podem ser imitados seria como se aquele que fabrica champagne com água de Seltz pretendesse provar, por isso, que o verdadeiro champagne só existe na imaginação.*

Kardec definia as mesas girantes como o "jardim da infância" do espiritismo — uma maneira de atrair a atenção do público na fase inicial do movimento.

Superada a fase do "espetáculo", o caminho mais seguro e produtivo a seguir era outro: o da solidariedade, do trabalho em favor do próximo, de acordo com o lema "Fora da caridade não há salvação".

"Podemos sempre questionar os fenômenos ditos sobrenaturais. Mas quem pode questionar a solidariedade?", o professor perguntou em um de seus discursos.

Fiscal atento do movimento nos bastidores, seu tom era outro — bem mais afirmativo — quando assumia, em público, o papel de defensor intransigente da doutrina.

Com ironia, repetia aos adversários: os ataques (mesmo os mais desrespeitosos) só ajudavam a atrair a atenção para o espiritismo e levar a doutrina cada vez mais longe.

> *É admirável ver como as forças ocultas — que dirigem esse movimento — servem-se dos adversários para avançar. É bem certo que, sem os sermões de um lado e as facécias dos jornais do outro, a população espírita seria, hoje, dez vezes menor do que é.*

Em particular, a sós, Kardec sofria com as fraudes e manipulações mais do que admitia nas páginas de sua revista.

Não por acaso, defini, com um adjetivo, a pergunta que o ator Leonardo Medeiros me fez, no nosso primeiro encontro, sobre como eu via Kardec. Como um homem tenso.

"O materialismo mata"

Em 1862, com O *livro dos espíritos* já na nova edição e *O livro dos médiuns* na quarta reimpressão, Kardec e sua companheira, Amélie, iniciaram uma longa viagem de trem e carruagem por vinte cidades da França para divulgar a doutrina. Foram seis semanas de chuva, frio e neve, através de 1.158 quilômetros.

Em uma das paradas do tour, o professor Rivail fez um de seus discursos mais emocionados. Discurso de divulgador, fiscal e comandante do movimento espírita.

Ao fazer um balanço da doutrina — apenas cinco anos depois de seu nascimento nas páginas de *O livro dos espíritos* —, ele foi conciso:

> *A fase da curiosidade passou e já vivemos agora um segundo período, o da filosofia. A terceira etapa, que começará em breve, será a de sua aplicação à reforma da humanidade.*

Ao liderar suas tropas, definiu armas e estratégias.

> *Quando um exército verifica que as balas do inimigo não o atingem, ele o deixa atirar ao seu bel-prazer e desperdiçar suas munições certo de obter vantagens.*
>
> *O melhor general não é aquele que se atira, de peito aberto, na confusão da batalha, mas o que sabe esperar e estudar as aproximações.*

Ao analisar seus exércitos — médiuns ou seguidores —, recorreu a três categorias básicas:

> *Os que creem pura e simplesmente nos fenômenos, mas que deles não deduzem qualquer consequência moral. Os que percebem o alcance moral, mas o aplicam aos outros e não a eles mesmos. Os que aceitam pessoalmente todas as consequências da doutrina e que se esforçam por praticar sua moral.*

E, ao pôr na balança os ataques vindos de todos os cantos — da imprensa, da Igreja e da academia — e as declarações de fé e gratidão dos leitores, ponderou:

> *Guardo milhares de cartas que, para mim, mais valem do que todas as honrarias da Terra e que vejo como verdadeiros títulos de nobreza.*
>
> *Coloco em primeira instância oferecer o consolo aos que sofrem, erguer a coragem aos decaídos, arrancar um homem de suas paixões, do desespero, do suicídio, detê-lo talvez no limiar do crime! Não vale mais isto do que os lambris doirados?*

São estes os Kardecs que estão no filme de Wagner.

PARTE 3

Conversas para além e além

Wagner de Assis entrevista Marcel Souto Maior

Wagner de Assis: As pessoas sempre perguntam se você é espírita por fazer o trabalho que faz. Afinal, você é espírita?

Marcel Souto Maior: Começou pela pergunta mais difícil. Costumo dizer que minha fé não é consolidada — vivo entre altos e baixos. Nos meus momentos de descrença, por exemplo, duvido de conceitos-chaves da doutrina, como a imortalidade da alma. O que é mental e o que é espiritual? O que é fraude ou autossugestão e o que pode ser considerado um fenômeno real, incontestável? É nesta gangorra que me equilibro enquanto tento percorrer, como jornalista, com o máximo de objetividade, este território "onde vivos e mortos" se encontram, como também costumo dizer. O que não questiono é a força, a influência e a importância do espiritismo, um movimento que mobiliza, no Brasil, milhões de pessoas em torno do estudo e da prática das lições de Allan Kardec. Prática voltada à solidariedade, ao trabalho em favor do outro, à difusão de conceitos humanistas, fundamentais num mundo muitas vezes assombrado pela barbárie e torturado por índices recordes de depressão e suicídio. Eu me identifico muito com este espiritismo da esperança, da responsabilidade social. Ou seja: sou espírita de vez em quando, sempre que o repórter "baixa a guarda" e sai da posição de investigador.

Wagner de Assis: O que foi mais exaustivo escrever, a biografia de Chico Xavier ou a de Allan Kardec? Por quê?

Marcel Souto Maior: Foi bem mais exaustivo escrever *Kardec*, um personagem muito mais desconhecido para mim do que o Chico da minha infância, das férias em família em Araxá, cidade vizinha a Uberaba, onde Chico já era o "homem que falava com os mortos". Para reconstituir a transformação do professor cético Hippolyte Léon Denizard Rivail em Allan Kardec — codificador e principal divulgador e fiscal da doutrina espírita —, tive de voltar à Paris do século XIX, mergulhar nas edições originais da *Revista Espírita* e me colocar no lugar dele. O lugar de um cético que vai descobrindo aos poucos — através de mensagens atribuídas aos espíritos — o mundo invisível, repleto de novos sentidos e significados e de muitos perigos e obstáculos também. A entrada neste universo, pelos olhos de Kardec e também de seus principais adversários, deu trabalho e exigiu muita pesquisa histórica.

Wagner de Assis: Quando foi que você teve a ideia de levar a história do livro para o cinema?

Marcel Souto Maior: Quando terminei o primeiro capítulo, percebi o quanto a história de Kardec era cinematográfica... e foi aí que te liguei. O livro mal começava a ganhar forma e eu já o via nas telas de cinema, com o seu olhar. Uma história de luta, uma saga de transformação, uma trajetória marcada por altos e baixos, que o editor do livro, Carlos Andreazza, percebeu antes mesmo de mim. Eu me lembro de dizer a ele em uma conversa durante um café: "Não sei se esta história tem tanta curva dramática como a história de Chico. Fico na dúvida."

Carlos não teve dúvida nenhuma: "A história é impressionante. Tem tudo para dar certo." E deu. Prova disto é ela ter gerado esta cinebiografia impecável, produzida pela Conspiração.

Wagner de Assis: Qual a parte da vida do Kardec que mais te emociona?

Marcel Souto Maior: No auge da luta para difundir a nova doutrina, Kardec passa a sofrer ataques implacáveis de ex-companheiros da Academia de Ciências de Paris, da Igreja e da imprensa. Em meio a insultos e ameaças, ele faz um discurso que me impactou bastante. Neste discurso — um desabafo —, ele envia uma mensagem aos adversários que tripudiavam da hipótese da sobrevivência de espíritos e escreviam crônicas irônicas sobre os "supostos fenômenos". "Vocês estão rindo de quê? Será que não veem? O materialismo mata." Nesta época, Kardec já colecionava cartas vindas de todo o mundo, escritas por gente que só não se matou porque descobriu novos caminhos para suas vidas ao ler *O livro dos espíritos*. Quantas vidas a obra de Kardec salvou? E quantas continua a salvar?

Wagner de Assis: Por que você achou que as pessoas voltariam a se interessar por Kardec, depois de tantas biografias e textos já escritos sobre ele?

Marcel Souto Maior: Ao mergulhar na leitura destas obras, percebi que faltava ainda um relato jornalístico da trajetória do professor que se tornou líder de uma doutrina, em meio a ataques e desconfianças. Há livros históricos importantes, estudos minuciosos de sua obra, mas faltava ainda um retrato mais isento do homem em transformação, com suas dúvidas, inseguranças, fragilidades e contradições. Foi este retrato que me propus a escrever.

WAGNER DE ASSIS: O que você sentiu na primeira vez que viu o filme na ilha de edição?

MARCEL SOUTO MAIOR: Foi muito emocionante. Tive a sensação de ver Kardec vivo, 150 anos depois de sua morte, e numa França que eu só conhecia através das fotos e dos registros históricos. Uma Paris em plena transformação — assim como o professor Rivail, "reencarnado" pelo ator Leonardo Medeiros — ainda em obras e à luz de velas e lampiões. Tive a sensação de viajar no tempo e reencontrar um personagem que nunca havia encontrado antes, até onde eu sei [*risos*]. Mágicas que só o cinema — bem-feito — consegue fazer.

WAGNER DE ASSIS: Como você compara as expectativas em relação ao lançamento do livro e o lançamento do filme?

MARCEL SOUTO MAIOR: As expectativas em relação ao filme são maiores, talvez pelo alcance do cinema e pelo seu poder de mobilizar o público. Quando as luzes se apagam nas salas de projeção — mesmo nas sessões mais privadas, na ilha de edição —, meu coração sempre acelera e fico tenso, na torcida para que todos aprovem o que veem e, mais importante, se emocionem.

WAGNER DE ASSIS: Depois de mais de 25 anos estudando dois ícones da doutrina dos espíritos, como você vê o movimento espírita no Brasil hoje?

MARCEL SOUTO MAIOR: Vejo o movimento cada vez mais articulado, organizado e integrado em todo o país. Dificuldades de comunicação — que eu percebia no início das minhas pesquisas, há mais de 25 anos — foram vencidas. O movimento espírita tem propagado sua mensagem, com muita eficiência, através da internet e da rede de estudos e de trabalho em favor do outro liderada por voluntários engajados, movidos por um sentimento que Kardec e Chico conheciam muito bem: o sentido de missão. Este sentido, quando bem exercitado, gera este círculo virtuoso que leva o espiritismo cada vez mais longe.

Wagner de Assis: O que Kardec te ensinou?

Marcel Souto Maior: Ler Kardec — e mergulhar em sua trajetória — nos faz refletir sobre nosso papel no mundo, aqui e agora, e nossa responsabilidade diante dos nossos atos e em relação ao outro. O espiritismo de Kardec nos mostra, independentemente de você acreditar na vida depois da morte, que ninguém está aqui, nesta passagem pelo mundo, a passeio. Qual é a sua missão? Como podemos contribuir para tornar mais justa e mais solidária a realidade às vezes tão dura?

Wagner de Assis: Você viveu algum fenômeno ao longo do processo de escrever o livro?

Marcel Souto Maior: Vivi alguns fenômenos ligados à sincronicidade. Informações que chegavam quase "de surpresa" quando a redação do livro travava de repente; apoios que vinham por e-mail ou por telefone de pessoas que eu nem conhecia... e até mensagens psicografadas assinadas por antigos colaboradores de Kardec, com relatos de bastidores das pressões sofridas pelo professor durante sua luta pela divulgação da doutrina dos espíritos. Muitas e muitas vezes me senti impulsionado, por apoios inesperados, a seguir em frente, apesar de todas as dificuldades. Ver o filme lá adiante, por exemplo, me ajudou a concluir o trabalho.

Wagner de Assis: Qual a sua concepção de fé?

Marcel Souto Maior: Fé, para mim, tem tudo a ver com "fé na vida", fé na nossa missão por aqui. Minha fé — a fé de quem costuma se definir como cético — tem muito mais a ver com trabalho e com luta, duas marcas que unem Chico a Kardec, do que com fenômenos sobrenaturais. Acredito que podemos fazer sempre mais pelo outro em pequenos gestos do dia a dia ou em causas coletivas maiores, como a de desenvolver um programa para a TV capaz de levar o público à reflexão e ação. Escrever livros ou roteiros para a TV é, para mim, um ato de fé no leitor ou telespectador. Um ato que se multiplica e alcança outras dimensões quando o livro vira filme e ganha as salas de exibição de todo o país, por exemplo.

Wagner de Assis: Quais os próximos projetos nessa temática?

Marcel Souto Maior: Não sei... Sempre digo que não voltarei mais a esta temática e, sempre que tento sair deste universo, travo no terceiro capítulo! Agora estou em estado de alerta. Atento às boas histórias que cruzarão meu caminho. Sei de um cineasta que está mergulhado em pesquisas sobre a trajetória do guia espiritual de Chico Xavier, Emmanuel. Vou tentar conversar com ele. Quem sabe? [*risos*]

MARCEL SOUTO MAIOR ENTREVISTA WAGNER DE ASSIS

MARCEL SOUTO MAIOR: Como nasceu seu interesse pelo espiritismo?

WAGNER DE ASSIS: Acho que o interesse não nasceu, mas reencarnou comigo. Me lembro de "tomar passes" muito novo, me lembro de ouvir falar de espíritos com muita tranquilidade. Até mesmo ir a sessões onde os espíritos vinham às mesas através de médiuns e ficavam debochando de mim, dizendo que eu estava morrendo de medo. E eu era medroso. Era um menino sentado lá na assistência apenas e eles falando de mim. Sair correndo, naqueles momentos, era uma boa opção!

Com o tempo, essa realidade foi se tornando "normal". Mesmo quando estudava em escola católica, eu não me preocupava com os assuntos que eram proibidos lá. Nem queria convencer ninguém. Fiz primeira comunhão e chorei horrores com a hóstia na boca pela primeira vez. Ninguém entendeu nada. Mas, para mim, os símbolos e as energias já eram muito importantes.

Acho também que o ambiente familiar sempre respeitoso com todas as religiões, mas ligado de alguma forma ao espiritismo, me fez entender a doutrina antes mesmo de conhecê-la de fato. Os livros e estudos vieram bem mais tarde, também normalmente. Ao mesmo tempo, vieram também a surpresa e o espanto por descobrir histórias absolutamente geniais, realidades maravilhosas, informações sensatas que mexiam com a cabeça de um adolescente.

Marcel Souto Maior: E como o cinema entrou na sua vida?

Wagner de Assis: Minha primeira escolha profissional foi o jornalismo. Talvez pelo interesse "em aprender de tudo", talvez por um sentido de pesquisa sobre o mundo. Ou uma paixão pela comunicação, pelas palavras. Queria contar histórias. O cinema e o audiovisual vieram em seguida, quando comecei a escrever roteiros de histórias que me tocavam profundamente.

Marcel Souto Maior: Como você lida com o preconceito de parte da imprensa em relação à espiritualidade?

Wagner de Assis: Há dois tipos de preconceitos que entendo devam ser pensados e compreendidos.

Eu tento sempre explicar que filme espírita não existe porque o gênero narrativo não é espírita. Mas depois entendi que as pessoas usam essa junção de palavras para indicar a temática do filme. É algo novo. Já fui mais combativo sobre isso. Por um lado, ele espanta pessoas que também têm preconceito e não se permitem conhecer histórias que são universais, que falam de temas comuns a todos nós. Você vai chamar filmes como *Ghost*, *O sexto sentido* e *Os outros* de espíritas?

Ao mesmo tempo, não há nada mais universal que o espiritismo em termos de doutrina filosófica e consequências religiosas — que é baseado em verdades universais. Sempre me lembro de uma observação de Léon Denis: a de que o espiritismo não é a religião do futuro, mas o futuro das religiões, por destruir dogmas e por permitir novamente que fé e razão se encontrem.

Por outro lado, no entanto, assim como Kardec inventou o termo "espiritismo" para se destacar de todos os movimentos espiritualistas da época, talvez esse preconceito tenha algum sentido para os filmes que usem temas sobre vida após a vida, sobre as realidades eternas, em algum momento. Talvez.

Há também o preconceito pessoal, aquele que nasce do próprio jornalista, do próprio comunicador, da pessoa "que não quer saber do tema", seja por opção religiosa, seja por desprezo mesmo. Já vi muitos. Com esses, infelizmente, não há saída, a não ser que a pessoa se permita e veja a história. E pondere. Reflita que não há interesse em convencer ninguém — apenas compartilhar histórias boas. Há um pouco de Rivail nestas pessoas que "não querem saber", quando ele se recusava a comparecer às reuniões de mesas girantes. Não era preconceituoso ao extremo, no entanto. Por isso, quando achou que deveria, aceitou o convite e foi a uma delas. E isso mudou tudo para ele. Acho que a pessoa pode não gostar dos conceitos que essas histórias apresentam. Pode não aceitar que fé e razão andem juntas. Mas não deveriam se furtar a ver e não deveriam criar conceitos prévios.

MARCEL SOUTO MAIOR: Na sua avaliação, este preconceito tem diminuído?

WAGNER DE ASSIS: Imagino ter essa resposta mais elaborada agora com a performance do *Kardec*. Um filme para espírita que conhece, para espírita que acha que conhece e para quem não conhece o Kardec. Muita gente pensa que Kardec colocava a mão na testa e escrevia a doutrina espírita. Isso é algo que pode ser desconstruído com o filme, já que ele é baseado numa história real.

Algumas pessoas criticaram o filme *Nosso Lar* classificando-o como "doutrinário". Fiquei meses para entender o que queriam dizer. E vi que estavam se sentindo obrigadas a concordar com a história do filme — de alguma forma, era como se aquele drama ali na tela estivesse instigando-os a mudar suas convicções pessoais acerca da vida.

Mas o filme não queria convencer ninguém! O filme não era um prosélito nem uma dissertação documental sobre a vida no mundo espiritual. Era uma história baseada num livro e, nela, havia algumas leis e regras que o personagem principal deveria conhecer para se ajustar àquela nova realidade. Foi muito interessante como as pessoas reagiram, mesmo os críticos — os que queriam destruir e os que apenas queriam que o filme fosse melhor. De qualquer forma, tudo foi aprendizado. E um deles é que rótulos sempre atrapalham.

Ao mesmo tempo, saber que o filme era baseado num livro do Chico Xavier, com toda a sua credibilidade, também impactava muito as pessoas. Elas imediatamente o associavam à verdade. E isso foi muito perturbador para essas pessoas.

Marcel Souto Maior: O sucesso, inclusive de crítica, de *Nosso Lar* o surpreendeu?

Wagner de Assis: Sim e não. Tivemos críticas positivas, mas negativas também. Considerei normais, dentro da nossa expectativa. Era um filme muito diferente em sua concepção. É ruim tomar pedrada, mas é preciso aprender com elas — frase clichê, mas que ajuda muito na hora da tempestade. Mesmo quando a pedrada vem do amigo.

A resposta do público foi a melhor para todos — 1,3 milhão de espectadores em cinco dias, um recorde para o cinema brasileiro até então. E o resultado final foi de mais de 4 milhões de ingressos vendidos. Hoje, *Nosso Lar* está em mais de quarenta países e já foi visto por mais de 40 milhões de pessoas no Brasil. O que isso indica? Que a história funcionou, que o drama sobre a vida após a vida interessa a todos os públicos.

Marcel Souto Maior: *Kardec* e *Nosso Lar* são filmes muito diferentes. Quais os maiores desafios que você enfrentou nos dois projetos?

Wagner de Assis: *Nosso Lar* tinha um desafio visual, de criar credibilidade para uma cidade astral. Tinha também todos os efeitos visuais que eram necessários para criar a trama. Mas, ao mesmo tempo, tinha um desafio grandioso que era fazer as pessoas se permitirem ir aos cinemas para acompanhar aquela história com uma temática tão definida. Foi feito inicialmente para os leitores do livro. E claramente vemos que o interesse transcendeu — e muito — para todos os públicos. Até porque esse tema não é propriedade do espiritismo. Está presente em todas as doutrinas e correntes religiosas e filosóficas. Ao mesmo tempo, interessou aos céticos porque era um lindo filme, com música linda, com emoção à flor da pele.

Kardec tem inicialmente o desafio de ser um filme de época. Recriar época é muito difícil, são milhões de detalhes, hábitos, informações que precisam estar na tela. E também o desafio de contar apenas o que "interessava" sobre o personagem. Adaptar a vida de alguém é um risco porque acabamos escolhendo muitos momentos. Tivemos de combinar personagens porque senão teríamos muitos deles que serviriam para as mesmas funções dramáticas.

Tivemos que criar, inclusive, sob uma licença dramática, uma ameaça mais perene ao professor. Mas nada que fosse fora do plausível. Nada que não estivesse dentro do escopo de vida dele. Quando pensei em recortar o roteiro da forma como o fizemos, e você adorou a ideia, foi para que não precisássemos gastar tempo com o que não fosse extremamente essencial à jornada do personagem.

Além disso, temos o enorme desafio de trazer Kardec para junto das pessoas. De tirá-lo daquela pose vetusta de uma foto na parede ou das capas de livro para contar como ele reagiu, como ser humano, às coisas incríveis que viveu.

Importante sempre lembrar que não é um documentário! A Paris de Rivail não existe mais. O lugar onde ele morou está lá, mas todo desconfigurado. Fazer cinema significa recriar, combinar, narrar com técnicas que nos permitem estar num lugar sem precisar ir até ele. Combinar personagens para que suas funções dramáticas sejam funcionais para o protagonista. Alterar um pouco a ordem de fatos para que o clímax seja atingido na hora certa.

Enfim, há muitos outros filmes que podem ser feitos sobre o Kardec, sobre sua esposa, Amélie, e este foi apenas uma interpretação que nós procuramos dar.

MARCEL SOUTO MAIOR: Que Kardec o público vai conhecer nos cinemas?

WAGNER DE ASSIS: Acima de tudo, um ser humano que viveu no mundo e passou por todas as experiências humanas que podemos passar. E sua história acabou sendo arquetípica, quase um mito do herói, de um homem que aceitou entrar numa jornada de transformação depois dos 50 anos de idade, que aceitou um desafio intelectual inédito na história da humanidade, e acabou vivendo uma vida cujo legado vai ser cada vez mais descoberto pelas gerações futuras.

As pessoas lembram de uma frase do Emmanuel psicografada pelo Chico, que diz que a melhor coisa que podemos fazer pelo espiritismo é sua divulgação. Eu concordo com essa frase se ela vier acompanhada da seguinte premissa: se você entende e vive aqueles conhecimentos verdadeiramente, você será inequivocamente uma forma de divulgar o quanto eles são maravilhosos. Se você finge que é espírita e fica fazendo propaganda, é fake news — a pior coisa que pode fazer ao espiritismo e a você mesmo.

Marcel Souto Maior: Você — assim como Kardec — não tem dúvidas em relação à presença e influência dos espíritos. De onde vem esta convicção?

Wagner de Assis: Mediunidade. Que todos temos, aliás. Mas não queremos conhecer, não queremos educar, não queremos desenvolver. Eu quis.

Marcel Souto Maior: Que livros você indicaria a leitores que querem saber mais sobre a doutrina dos espíritos? Três obras obrigatórias!

Wagner de Assis: *Nosso Lar*, pelo espírito André Luiz; *Há 2000 anos*, pelo espírito Emmanuel, ambos com psicografia de Chico Xavier; e *Kardec: a biografia*, de Marcel Souto Maior.

Marcel Souto Maior: Fico muito feliz, mesmo, de ouvir isto. E vamos à próxima pergunta... Você recebe mensagens de espectadores de todo o mundo. Qual, em especial, mais o emocionou ou impactou?

Wagner de Assis: São as mensagens, a bem da verdade, que dizem que o filme fez pensar, emocionou, mas que a busca pessoal por autoconhecimento, que a força para se transformar para melhor, foi um esforço posterior, foi algo que estava lá dentro da pessoa e a arte apenas tocou em pontos na alma da pessoa. Muita gente fala isso. É para isso que contamos histórias — para que nos identifiquemos e que possamos levar a vida a partir disso.

MARCEL SOUTO MAIOR: Que emoções ou reflexões *Kardec* deve gerar no público?

WAGNER DE ASSIS: Eu espero que as pessoas sintam que "vale a pena". Ao conhecerem um Kardec em toda a sua extensão humana, que elas possam se identificar entendendo que ele vive por sua obra, toda vez que alguém busca uma vida melhor, tanto emocional como socialmente, se autotransformando e buscando transformar pessoas e ambientes ao seu redor. Reconhece-se o verdadeiro espírita pela sua capacidade de autotransformação. E fora da caridade não há salvação. O filme mostra como essas questões nasceram na codificação. Que elas possam transcender como mensagem.

Talvez, apenas talvez, que as pessoas possam buscar mais informações nos livros da doutrina, eventualmente. Que possam se fortificar para a luta diária. Adoro a frase do Rivail quando a Gabi pergunta: "Pronto para a guerra, professor?" E ele responde: "Não. Talvez Allan Kardec esteja. Talvez."

Isso nos aproxima tanto dele, porque não sabemos se estamos prontos para o que a vida nos traz, mas estamos vivendo-a à nossa maneira.

MARCEL SOUTO MAIOR: Você, assim como eu, pensa em mudar de tema e tratar de outros assuntos, além da espiritualidade? Ou este é o seu tema e ponto final?

WAGNER DE ASSIS: A grande busca do ser humano é a espiritual. Não há outra fronteira a ser explorada a não ser essa. O professor Rivail entendeu isso plenamente. Fez a maior entrevista da história — porque pôde fazer perguntas aos mortos. E os deixou falar. Em geral, me interesso por temas que sejam ligados à espiritualidade — e isso é um campo tão vasto que podemos fazer cem filmes e não esgotá-lo. Mas claro que há boas histórias em todos os lugares que merecem ser contadas no cinema. Se identifico uma delas, aceito o desafio de passar cinco anos da vida para contá-la pelo audiovisual. O conhecimento salva. A arte também. E o espiritismo nos explica como isso é feito.

Marcel Souto Maior: E que filmes vêm por aí, depois de *Kardec*? Podemos esperar para breve a sequência de *Nosso Lar*, *Os Mensageiros*, e a cinebiografia de Emmanuel, guia espiritual de Chico?

Wagner de Assis: Como disse, há muitas histórias que merecem ir pro cinema. *Os Mensageiros*, por exemplo, é um filme que pode e deve ser impactante porque parte da premissa de que não adianta nada saber que a vida continua se não soubermos o que fazer com essa informação. Ele dá um passo à frente do *Nosso Lar* porque conta que as pessoas que vivem no mundo espiritual se organizam e vivem conforme viveram na Terra. Apresenta com clareza a ideia do fracasso dos projetos de reencarnação. Enfim, tem muita coisa a ser explorada neste universo paralelo que é a vida espiritual.

Já *Emmanuel* é um filme cheio de ineditismo — a primeira cinebiografia de um espírito. Vamos contar a vida dele nos últimos 2 mil anos. Desde quando era cônsul em Roma, passando pelo senador Publius até o Emmanuel que ajudou na codificação, que trabalhou com o Chico e, sabe-se lá, pode ou não estar reencarnado. Um épico.

Estou trabalhando, sim, para que em breve os dois projetos saiam do papel e cheguem às telas.

Créditos do filme

direção **Wagner de Assis** | produzido por **Eliana Soárez** | roteiro **Wagner de Assis** e **L.G. Bayão** | baseado no livro de **Marcel Souto Maior**, *Kardec: a biografia* | produtores executivos **Leonardo M. Barros, Maria Amélia Teixeira, Renata Brandão** e **Gustavo Baldoni** | coprodutoras executivas **Tania Pacheco, Mirela Girardi** e **Clarisse Goulart** | produtora associada **Eneide Maia** | produtor delegado **Pimenta Jr.** | direção de fotografia **Nonato Estrela** | direção de arte **Claudio Amaral Peixoto** e **Helcio Pugliese** | figurino **Kika Lopes** e **Rosangela Nascimento** | supervisora de maquiagem **Anna Van Steen** | produtora de elenco **Marcela Altberg** | montagem **Marília Moraes** | música original **Trevor Gureckis** | som direto **Evandro Lima** | desenho de som e mixagem **Rodrigo Noronha** e **Gustavo Loureiro** | edição de som **Bernardo Uzeda** e **Tomás Alem** | supervisão de efeitos visuais **Claudio Peralta** | supervisão de pós-produção **Adriana Basbaum** | supervisão de imagem **Sergio Pasqualino Jr.** | coordenação de pós-produção **Thiago Silva** | coordenação de lançamento **Paula Lima** | atores **Leonardo Medeiros** (como Rivail), **Sandra Corveloni** (como Amélie-Gabrielle), **Genezio de Barros** (Padre Bautain), **Guilherme Piva** (Didier), **Leonardo Franco** (Carlotti), **Dalton Vigh** (Senhor Dufaux), **Charles Fricks** (Charles Baudin), **Julia Konrad** (Ruth-Céline), **Júlia Svacinna** (Caroline), **Letícia Braga** (Julie), **Louise D'Tuani** (Ermance Dufaux); participação especial **Christian Baltauss** (como General); **João Barreto** (Vicent), **Luiz Felipe Mello** (Bernard),

Guida Vianna (Madame Plainemaison), **Jayme des Cueto** (Bispo), **Licurgo Spínola** (Babinet), **Xando Graça** (Chevreux), **Lionel Fischer** (François), **Ronaldo Mourão** (Oficial de Justiça), **Lola Borges** (Senhora Baudin), **Charles Naccache** (Jovem Nobre), **Kiria Malheiros** (Justine), **Vitória Magalhães** (Marie), **Alan Castelo Branco Xavier** (Perseguidor 1), **Giovanni Yernaux** (Perseguidor 2), **Jaime Leibovitch** (Antoine), **Paulo Azevedo** (Assessor do Imperador), **Henrique Neves** (Calígrafo), **Daniel Barcelos Jaimovich** (Gerente Jules), **Ricardo Tostes** (Homem do Teatro), **Gabriel Louchard** (Ilusionista), **Lola Belli** (Aluna Piano), **Bruno Esteves** (Carteiro), **Tomaz Fierro Rezende Martins** (Stand-in Rivail), **Lucia Regina Serpa** (Stand-in Gabi) | colaboração de roteiro **Marcel Souto Maior** | desenvolvido por **Kiki Lavigne** | pesquisa **Carlos Ferreira** | participação do **Laboratório Franco-Brasileiro de Roteiros — Festival Varilux de Cinema** | 1ª assistente de direção **Sofia Saadi** | 2ª assistente de direção **Renata Rodarte** | 3º assistente de direção **Tom Borges** | análise técnica roteiro **Jully Irie** | continuísta **Glaucia Pelliccione** | diretora de produção **Renata Amaral** | assistentes de produção **Nathalie Loureiro, Igor Curvello e Pryscilla Simões** | produtores de locação **Rodrigo Lamounier, Vicente Salgado e André Fialho** | diretor de produção (Paris) **Henrique José Castelo Branco Alves da Silva** | motoboy **Alexandre Cosme** | assistente de produção executiva **Marcelle Darrieux** | coordenadora executiva **Maíra Donoso** | assistente de coordenação executiva **Ana Santos** | diretor de platô **Bruno Freitas** | assistentes de platô **Diego Lex Lutor, Fernando Fiel e Daniel Vale** | controller **Jean Costa** | assistentes de controller **Marcelle Remijo e Andressa Balzi** | operador de câmera **Breno Cunha** | 1º assistente de câmera **Antonio Viana** | 1º assistente de câmera, 2ª unidade **Gabriel Hoffmann** | 2º assistente de câmera **Beto Silva** | 2º assistente de câmera, 2ª unidade **Tomas Camargo** | video assistant **Pedro Monteiro** | logger **Café Lima** | making of **Conspira +** | still **Dan Behr** | assessoria de imprensa **Agência Febre** | apoio — divulgação promocional **Zook Comunicação** | coordenadora de arte **Rene Padilha** | assistente de coordenação de arte **Patricia Lenkic** | produtoras de arte **Alice Carvalho, Julia Pina e**

Vanessa Lopes | produtora de objetos **Thabata Castro** | cenógrafos **Emersito, Maria Cecilia e Marina Tolentino** | contrarregras **Alex Gomes e Raphael Olliver** | contrarregras de montagem **Luiz Fernando e Julio Balbino** | assistente de contrarregra **Jeffe** | aderecista **Alex** | cenotecnia **Fábrica de Cenários Produções e Artes Cênicas LTDA EPP** | design gráfico **Darlan de Carvalho e Manjericão Filmes LTDA — ME** | serviços gráficos **Antonio Carlos Barbosa da Silva, Neuza Mendes Ribeiro e Cilmar Rosario** | caligrafia **Cláudio Gil** | efeitos especiais **Mauricio Bevilaqua** | restauração **Edgard Pedro de Paulis** | estofados **Marcelo de Freitas** | costureira **Marenice Alcantara** | transcrição de cartas **Gabriela Irigoyen** | confecção de roupas e acessórios **Vera Lucia** | manutenção, reparos e instalações em condicionadores de ar **Alex Sandro Lopes Martins** | assistência de arte **Roberto da Costa Mendes Artes Cênicas e Espetáculos ME** | montagem **Rogerio Candido, Julio Cardozo e Julio Balbino** | carregadores **Jeronimo Cheppi, Jean Santos, Wagner Araujo, Adriano da Silva Pinto e Alexandre Mico** | microfonista **Fabio Canetti** | assistente de som **Beto Chagas** | 1ª assistente de figurino **Ananda Frazão** | 2ª assistente de figurino **Bianca Carvalho** | 3ª assistente de figurino **Tassia Nicolsky** | camareiro **Egas Ramos** | camareiros extras **Renato Paschoal, Amanda Silva, Erica Gomes, Simone Totti, Chuck e Regina** | costureiros **Cibele Figueiredo, Suely, Thais Biazotto, Ivan Medeiros Maciel, Maria Helena Gomes da Silva, Renato Nascimento e Ticiana Passos** | alfaiataria **José Macedo** | tingimento de roupas **Manuel Rodrigues** | maquiadora **Ragnel Vandelli** | cabeleireira **Celinha** | assistentes de maquiagem **Joana Seibel, Fernanda Santoro, Guilherme Messner, Vitor Martinez e Donna** | produtora de figuração **Lenice Coelho** | assistente de produção de elenco **Felipe Ventura** | fiscais de figuração **João Augusto e Fábio Luiz** | eletricista-chefe **Big Joe** | 1º assistente de elétrica **Damião** | 2º assistente de elétrica **Thiago Henrique** | eletricista extra **Mauro Gomes** | 1º assistente de elétrica extra **Jefferson** | 2º assistente de elétrica extra **Renan Nascimento** | maquinista-chefe **Leonardo Gago** | 1º assistente de maquinaria **William Drengue** | 2º assistente de maquinaria **Leo França** | 3º assistente de maquinaria **Paulo**

Roberto | maquinista 2ª unidade Marcão | assistente de maquinaria 2ª unidade Carlos Souza | 2º assistente de maquinaria extra Beto Tudão | coordenador de transporte Mario Augusto | transporte Alex BB, Ana Carolina Valente, Andrey Coimbra, B Frota, Bebê, Beto Batata, Carlos Carneiro, Carlos Galante, Carlos Henrique, Claudia, Claudio Gonçalves Pinto, Edson da Silva, Escobar Transportes e Locação de Veículos LTDA, Guimba, Gustavo, Jorian Costa, Kleber Williams, Lacaso, Leonardo Cruz, Levy, Luisão, Marcelo, MB Marcinho, Rafinha, Rildo, Robson Vieira, Romulo Soares, Serjão, Top Rio Transportes e Locação de Veículos Ltda, Twolok Transportes e Serviços Ltda, Waldeir Santos, Walkyrio Junior, Wellington Oliveira e William Souza | Equipe Nicocorp: produtor Nicolas Bétrancourt | diretor de produção Erick Bac | coordenadora de produção Léa Barrot | 2ª assistente de direção Estelle Chauvin | 3º assistente de direção Louis-Virgile Grilliot | continuísta Florence Weyne | 1ª assistente de câmera Jodie Arnoux | 2º assistente de câmera Lucas Henriette | video assistant Martin Dwernicki | logger Camille Lemercier | still Max Kastelyn | eletricista Thibaut Grosdemange | assistente de elétrica Perrine Lauras | maquinista Sacha Benichou | assistente de maquinaria Xavier Bru | técnico de som Yannis Baxevanakis | assistente de som Lucile Marty | produtores de locação Julien Gayot e Frédéric Bruguet | assistente de locação Jean-François Voisin | transporte Laura Fajnberg, Pierre-Henry Leroy e Marc-Antoine Dubuis | boys de produção Johan Elis, Brice Fourny, Carole Bonamy, Florent Bem Chaaban e Mathieu Pasteur | logemen Kevin Blanchar e Yves Hoffmann | produtor de arte Damien Baroe | assistente de arte Martin Cayla | coach Frédéric Hardy | diretora de elenco Dominique Szpindel | diretora de figuração Pascale Paddy | assistente de maquiagem Anaïs Apperce | camareira Ines Sassi | making of Corentin Demeirler | assistente de figurino (Paris) Silvia Sioppa | diretora-presidente corporativa Maria Amélia Teixeira | diretora-presidente de negócios Renata Brandão | diretor executivo de cinema Leonardo M. Barros | diretora de planejamento e controle de produção Eneide Maia | diretor administrativo e financeiro Marcos Penido |

diretor comercial **Fábio Trevisan** | atendimentos comerciais **Maria Fernanda Fernandes** e **Muriel Coelho** | comunicação **Maria Clara Jorge, Priscila Noronha, Débora Bacaltchuk, Natália Albertone** | business affairs **Clarisse Goulart, Fabricio Anoni, Marcelle Darrieux** e **Maria Paula Carvalho** | estagiários de business affairs **Lais Diel** e **Sérgio Magraner** | gerente de marketing **Paula Lima** | assistente de marketing **Lis Chagas** | estagiária de marketing **Ana Carolina Nunes** | gerente de produção executiva **Tania Pacheco** | assistente de produção executiva **Carolina Ferreira** | coordenadora executiva **Maíra Donoso** | assistentes de coordenação executiva **Ana Santos** e **Flavia Valentina** | gerente de pós-produção **Adriana Basbaum** | coordenadores de pós-produção **Thiago Silva** | gerente administrativa de pós-produção **Lenora Girafa** | assistentes administrativas de pós-produção **Beatriz Oliveira** e **Michelle Xavier** | produtores de finalização **Carolina Costa** | assistente de finalização **Maisa Rabelo** | montagem adicional **Gisele Barreto** | assistentes de edição **Luiz Henrique Caldas** | supervisor de composição **Thiago Pires** | produtor de efeitos visuais **Soni Adilio** | artistas de composição **Rafael Crispim, André Martinez, Joaquim Cordeiro Neto, João Daflon, Ilan Fremder** e **João Gabriel Pereira** | artista de motion design **Pedro Rocha** | assistente de edição online **Felipe Carpes** e **Marcelo Mello** | assistentes de central técnica **Robson Nonato** e **Leonardo José** | assistente de color grading **David Queiroz, Bruno Pontes** e **Rodrigo Suzuki** | coordenadora de elenco **Dani Barros** | assistente de coordenação de elenco **Patrícia Pinheiro** | assistente de elenco **Lais Lopes** | gerente de controladoria **Felipe Coelho** | coordenador de controladoria **Jean Costa** | analista de controladoria **Manuela Dantas** e **Marcelle Remijo** | assistentes de controladoria **Andressa Balzi** e **Danielle Melo** | assistentes de coordenação **Sergio Costa** | coordenadora de planejamento e controle de produção **Mônica Souza** | assistente de produção **Nicole Santaella** | assistente de cadastro **Eliane Santos** | analista de planejamento e controle de produção **Carla Sodré** | analista de custos **Fernando Silva** | gerente financeira **Alessandra Santos** | analista financeiro **Adriano Carvalho** | analista de processamento

Adriana Carvalho | assistentes financeiros **Bruno Teixeira, Daniel Marreiro, Ruan Souza** e **Tania Carvalho** | estagiária de processamento **Michelle Monteiro** | gerente administrativo **Attila Nogueira** | supervisora operacional **Sonia Telles** | assistente administrativo **Luiz Fernando Ferreira** | acervo **Andre Quirino, Deiviane Lopes, Edimilson Nascimento** e **Marcio Lopes** | gestão de talentos **Claudio Henrique** | analista RH **Beatriz Veneroni** | assistente RH **Jessica Vieira** | gerente jurídica **Deborah Fisch Nigri** | advogada **Isabella Neumann** | advogado **Rodrigo Caetano** | estagiários do departamento jurídico **Carolina Sequerra** e **Tomaz Rocha** | coordenador de infraestrutura e suporte **Anderson Souza** | suporte técnico **Diego Aguiar, Diogo Santos, Fleming Valentim** e **Vitor Lacerda Gomes** | coordenador de tecnologia **Luiz Dutra** | central técnica **Leonardo Sousa** e **Robson Nonato**

Este livro foi composto na tipografia
Minion Pro, em corpo 11,5/16, e impresso
em papel off-white no Sistema Cameron da
Divisão Gráfica da Distribuidora Record.